PRESENTADO A:

Natalia Fuentes

POR:

Natalia Fuentes .

FECHA:

5/22/13   Mayo 2013

UN DEVOCIONARIO

Momentos de quietud con Dios

Unilit   Sepa

Publicado por
Unilit
Miami, FL 33172

Traducción: *José Luis Martínez*
Diseño de la cubierta e interior: *Alicia Mejías*
Fotografía de la cubierta: © 2012, Chee-Onn Leong. Usado con permiso de Shutterstock.com.

Producto: 497147
ISBN: 0-7899-1891-9
ISBN: 978-0-7899-1891-8

Impreso en Colombia
Printed in Colombia

Categoría: Inspiración/Motivación/Devocional
Category: Inspiration/Motivation/Devotional

Introducción

Todos necesitamos momentos de quietud, para la reflexión personal y para la comunión con Dios, y los necesitamos a diario. A medida que nuestro mundo gira y se arremolina a nuestro alrededor, sentimos la tentación de dejar a un lado esos momentos de quietud y considerarlos más un lujo que una necesidad. Sin embargo, la verdad es que esos momentos de quietud y tranquilidad son clave en nuestra vida. Nos ayudan a definir nuestras relaciones, prioridades, metas y a nosotros mismos. Sin ellos nos convertimos en esclavos de nuestros estilos de vida en vez de dominarlos nosotros.

Confiamos en que descubras que las lecturas devocionales que componen este libro te ayuden a que tus momentos de quietud sean productivos e inspiradores. Hemos escogido las que pensamos que tienen más relación con los retos comunes de la vida diaria. Y las hemos hecho lo suficiente breves como para que encajen con facilidad en tu tiempo especial con Dios, pero que sean un poderoso estímulo para el comienzo de tu día. Esperamos que, a medida que lees, te sientas más cerca de Dios.

Preparado para atreverte

Intentar algo nuevo quizá sea aterrador y hasta peligroso. Por eso es mucho más inteligente aceptar un riesgo calculado que un paso imprudente.

Charles Lindbergh se metió en un riesgo calculado cuando decidió cruzar el Atlántico solo en un monoplano de un solo motor. ¿Tenía Lindbergh temor? Sin duda podía haberlo tenido si no hubiera volado antes o si hubiera ignorado todo sobre los aviones. Si no hubiera confiado en el constructor de su avión ni en sus mecánicos, también habría tenido una buena razón para estar muy preocupado. Y si hubiera decidido hacer el viaje por capricho, sin planificación anticipada, sin duda alguna los demás habrían pensado que era un imprudente.

El prudente actúa con cordura, pero el necio se jacta de su necedad.

PROVERBIOS 13:16

No obstante, ninguno de estos factores se dieron en el caso de Lindbergh. Era un piloto y mecánico experimentado que dedicó meses a supervisar en persona la construcción de su avión. Participó en la planificación de cada detalle de este vuelo histórico. El resultado final fue un vuelo seguro que terminó antes de lo previsto y con gasolina en el depósito[1].

En gran medida, el «afortunado Lindy» formó su propia suerte.

Asimismo, los grandes momentos espirituales se basan casi siempre en la preparación anticipada. Moisés creció en la corte del faraón, desconociendo que lo preparaban para el día en que le pediría al faraón que dejara salir a su pueblo de Egipto. Daniel era un hombre de oración muchos años antes de que el rey firmara un decreto prohibiendo la oración. La violación de la ley llevó a Daniel al foso de los leones, donde se respondieron sus oraciones pidiendo protección.

David pertenecía a la corte real del rey Saúl y se casó con su hija. Esto fue parte de su preparación para sentarse un día en el trono. Los años que pasó en el desierto lo prepararon en lo espiritual para confiar en Dios, y solo en Dios, de modo que le preservara, protegiera y ayudara a gobernar un imperio. La misma Ester se preparó durante un año antes de ganar el «concurso» de reina.

Quizá tú no veas con claridad cuál es el propósito de Dios para tu vida, pero puedes confiar en que te está preparando para alcanzarlo. Él no desaprovecha ningún momento de tu vida. Así que haz que cada relación y experiencia cuenten hoy, ¡a sabiendas de que el Señor te está preparando para grandezas futuras!

CADA EXPERIENCIA QUE DIOS NOS DA, CADA PERSONA QUE PONE EN NUESTRA VIDA, ES PARTE DE LA PERFECTA PREPARACIÓN PARA EL FUTURO QUE SOLO PUEDE VER ÉL.

CORRIE TEN BOOM

¿En qué forma estás?

Las vasijas de barro de todas formas y tamaños eran utensilios valiosos en los hogares de la antigüedad. Nuestros antepasados usaban grandes tinajas para almacenar agua y aceite; empleaban cántaros para acarrear agua y frascos de terracota para guardar perfumes. Las vasijas de barro para almacenamiento se llenaban de granos y otros alimentos. Las amas de casa usaban cazuelas de barro para cocinar. En las comidas, usaban utensilios de barro como platos y tazones. En la noche iluminaban las casas con lámparas de barro.

Los alfareros que fabricaban estos utensilios tan necesarios eran parte muy importante de la economía de los antiguos pueblos y ciudades. Un alfarero moderno describió así su artesanía:

> *Aunque este nuestro hombre exterior se va desgastando, el interior no obstante se renueva de día en día.*
>
> 2 CORINTIOS 4:16, RV-60

Mis dos manos dieron forma a esta vasija. Y el lugar en el que se forma en realidad es uno de tensión entre la presión aplicada en el exterior y la presión de la mano en

8

el interior. Así ha sido mi vida. Tristeza, muerte e infortunio y el amor de los amigos y todas las cosas que me han sucedido en la vida que ni siquiera elegí. Todas influyeron en mi vida. Sin embargo, hay cosas que creo tengo dentro de mí: mi fe en Dios y el amor de algunos amigos que actuaron en mí. Mi vida, al igual que esta vasija, es el resultado de lo que ocurrió en el exterior y de lo que sucede en el interior de mi vida. La vida, como esta vasija, se forma en lugares de tensión[2].

A lo largo del día quizá nos sintamos regulados por el estrés, abrumados por las responsabilidades y presionados por los retos que nos acosan desde el exterior. Sin fortaleza de espíritu en nuestro interior, esas dificultades nos llevarán al derrumbe bajo la presión externa.

Durante este descanso, alimenta tu espíritu con las Escrituras. Esto te mantendrá fuerte, renovado y restaurado por *dentro*. Puedes responder con fortaleza interior y creatividad a lo que de otra manera te derrotaría.

Recuerda, tu vida interior te da las fuerzas que necesitas para convertirte en un vaso útil en la familia de Dios.

RENUÉVATE POR COMPLETO CADA DÍA;
HAZLO UNA Y OTRA VEZ, Y POR SIEMPRE
DE NUEVO.
CONFUCIO

¡Agárrate!

Una niña pequeña estaba muy nerviosa ante la perspectiva de montar a caballo por primera vez, aun cuando iba a montar detrás de su abuelo, que era un excelente jinete. Cuando sus padres la ayudaban a montarse en el caballo, ella gritó: «¿Qué hago ahora? ¡Yo no sé montar a caballo! ¡Nunca lo he hecho antes! ¿Qué hago?».

Su abuelo le respondió con un tono reconfortante: «No te preocupes del caballo ni de cómo montarlo. Solo agárrate de mí, mi amor, solo agárrate de mí».

¡Qué gran consejo para nosotros hoy! Pensamos que nuestro día va a ser lento, pesado y aburrido, pero resulta en un día bien movido y agitado. En esos días es cuando necesitamos aferrarnos a nuestra fe en el Señor y permanecer en la montura.

Una de las formas más importantes en las que nos aferramos al Señor es mediante la constante comunicación con Él en un flujo continuo de oración y alabanza. Podemos orar en cualquier lugar y momento. Incluso un «pensamiento» de oración nos lleva a centrar nuestra voluntad y atención en el Señor

Guárdame, oh Dios, porque en ti he confiado.
SALMO 16:1, RV-60

y a depositar toda nuestra confianza en Él. Solo cuando perdemos el contacto con el Señor «caemos» en el peligro del pánico, la frustración, el frenesí y el fracaso que traen consigo.

El Señor conoce el final del camino desde el comienzo de cada día y sabe cuánto va a durar la presente agitación en tu vida. Sobre todo, Él sabe cómo guiarte con seguridad a través de cada «desenfrenada cabalgata», conservándote en su divina paz durante todo el camino.

Harriet Beecher Stowe nos da el siguiente consejo:

> Cuando te encuentres metido en situaciones difíciles y todo parezca estar en tu contra, al punto de que sientes que ya no vas a poder aguantar ni un minuto más, nunca te rindas entonces, pues ese es solo el lugar y el momento en que cambiará la marea.

Recuerda siempre que nunca «montas» solo en las bestias de esta vida. El Señor está contigo y sostiene las riendas con firmeza en su mano. ¡Solo agárrate!

TODO LO QUE DIOS NOS LLAMA A HACER, TAMBIÉN HACE POSIBLE QUE LO LOGREMOS.

ANÓNIMO

Crisis de energía

La mayoría de nosotros tenemos una rutina diaria, una serie de quehaceres, tareas y mandados repetitivos que exigen tiempo y que son necesarios para mantener la vida en su nivel más básico. La «rutina», dice el teólogo judío Abraham Heschel, «nos hace resistentes al asombro». Cuando permitimos que nuestro sentido de asombro y admiración desaparezca, perdemos el sentido de preciosidad de Dios.

Jesús reconoció nuestra preocupación con estos deberes en su Sermón del Monte. Dijo: «No se preocupen por su vida, qué comerán o beberán; ni por su cuerpo, cómo se vestirán. ¿No tiene la vida más valor que la comida, y el cuerpo más que la ropa?» (Mateo 6:25).

El gozo del Señor es nuestra fortaleza.
Nehemías 8:10

Sin embargo, ¿cómo entendemos que la vida sea de «más valor que la comida» cuando mucho de nuestro tiempo y energía lo dedicamos a proveer y mantener las cosas esenciales de alimento, vestido y abrigo? La «rutina diaria» quizá nos

12

lleve a perder nuestro sentido del propósito y presencia de Dios. Tal vez nos sintamos como Job, quien exclamó desesperado: «Si pasara junto a mí, no podría verlo; si se alejara, no alcanzaría a percibirlo» (Job 9:11).

Julián de Norwich, el místico inglés del siglo catorce, tenía una perspectiva que puede ayudarnos a restaurar el gozo incluso en los días más deslucidos. Dijo: «El gozo es ver a Dios en todas las cosas». El salmista escribió: «Los cielos cuentan la gloria de Dios» (Salmo 19:1), y el profeta Isaías escribió: «Toda la tierra *está* llena de su gloria» (Isaías 6:3). La gloria de la creación es lo que nos señala la gloria superior del Creador.

Si las rutinas de la vida agotan tu entusiasmo y gozo, dedica tiempo a disfrutar del amor, la majestad y la bondad de Dios como aparecen reveladas en la creación. Renuévate en tu gozo de quién es Dios, y de quién eres tú en Él, y encuentra su fortaleza y propósito aun en las tareas más rutinarias.

LAS PERSONAS NECESITAN EL GOZO TANTO COMO EL VESTIDO, ALGUNOS DE ELLOS LO NECESITAN MUCHO MÁS.
MARTHA COLLIER GRAHAM

Tan sencillo como A, B, C

«Tenemos que hacer algunos análisis y pruebas». Estas son palabras que nunca queremos oír de un médico. Nuestra primera inclinación es esperar lo peor.

Las máquinas que se usan para diagnosticar nuestras enfermedades son especialmente intimidantes. La Imagen de Resonancia Magnética (IRM), con su angosto túnel de metal magnético, puede generar en cualquiera un ataque de claustrofobia.

Una prueba como esa causa una gran pausa en nuestra rutina diaria. (¿Te has dado cuenta que la mayoría de esas pruebas las programan para tenerlas en la mañana?) Aunque quizá nunca lleguemos a la situación de desear que suceda una pausa semejante, sí podemos hacer lo que hizo una señora para usar su tiempo de forma constructiva.

Una vez dentro del tubo, se sintió al borde del pánico. Entonces se acordó del consejo

En el día de la aflicción él me resguardará en su morada; al amparo de su tabernáculo me protegerá, y me pondrá en alto, sobre una roca.

Salmo 27:5

14

que su pastor le diera una vez: «Cuando las cosas se pongan de verdad malas para usted, dedíquese a orar por otras personas».

Para simplificar las cosas, decidió orar por orden alfabético. Pronto vinieron a su mente los nombres de varias amistades que empezaban por la letra *A*. Oró por el malestar que Alberto tenía en la rodilla y por el examen final que tenía que pasar Alicia. Luego pasó a la *B* y continuó con las siguientes letras del alfabeto. Para cuando llegó a la *D* se había olvidado por completo de dónde estaba.

Treinta minutos más tarde, ya se encontraba por la mitad del alfabeto y la enfermera había terminado con la prueba. Al día siguiente usó el tiempo en la sala de espera del consultorio médico para completar sus oraciones mientras esperaba que el doctor le informara de los resultados de las pruebas, que no mostraron anormalidades.

No todas las pausas las proyectamos nosotros. Algunas nos vienen impuestas y a veces son desagradables. Aun así, lo que hacemos con ellas es nuestra decisión.

Cuando te veas en una pausa que no es la actividad que hubieras elegido, vuélvete a tu Padre Dios y observa cómo la transforma en un tiempo especial para disfrutarlo los dos.

LA FE ES LA CAPACIDAD DE CONFIAR EN DIOS CUANDO LAS COSAS QUE SUCEDEN A NUESTRO ALREDEDOR NO TIENEN SENTIDO.
JAMES KOK

Bálsamo

En siglos pasados, se plantaban en terrazas las arboledas de bálsamo en las colinas al sur de Jerusalén. También se cultivaban en los campos al este del río Jordán, en la región conocida como Galaad. La savia de esos árboles se recogía a fin de crear un bálsamo que consideraban que tenía grandes y valiosas propiedades medicinales para ayudar a sanar las heridas. El bálsamo se usaba en especial para tratar picaduras de escorpiones y mordeduras de serpientes. Debido a que los escorpiones y las serpientes abundaban en las zonas desérticas de Judea y de todo el Oriente Medio, el bálsamo era muy valioso y era un importante artículo de exportación a lo largo de las antiguas rutas comerciales[3].

El «bálsamo de Galaad» está identificado con Jesús. Él es el que sana nuestras heridas.

¿No queda bálsamo en Galaad? ¿No queda allí médico alguno?
Jeremías 8:22

Cada día viene con la posibilidad de que suframos picaduras y mordeduras, tanto en sentido literal como figurado. Aunque no siempre son mortales, estos «golpes» del enemigo son, no obstante, hirientes y perjudiciales. ¿Cómo les aplicamos el bálsamo de Jesucristo?

La mejor manera es mediante la alabanza. En cualquier momento que nos veamos bajo ataque o heridos, podemos dirigir nuestra mente a Cristo con una palabra, pensamiento o cántico de alabanza.

Por ejemplo, si nos sentimos atacados por un enjambre de problemas punzantes, podemos decir: «Te alabo, Jesús, tú eres mi Salvador, mi Libertador y mi Ayuda segura». Si nos sentimos heridos por el fracaso, podemos decir: «Te alabo, Jesús, tú eres mi Redentor».

Si nos sentimos heridos en el corazón por una palabra de crítica o rechazo, podemos decir: «Te alabo, Jesús, pues enviaste al Espíritu Santo para que fuera mi Consolador». Si nos sentimos abrumados por las responsabilidades, podemos decir: «Te alabo, Jesús, tú eres mi Príncipe de paz».

A medida que alabas a Jesús, descubrirás que se calma el dolor asociado con un incidente o situación. Él es el Señor de señores, eso incluye cualquier cosa que trate de «señorearse» sobre ti.

ENGRANDECEMOS TODO LO QUE ALABAMOS. LA CREACIÓN ENTERA RESPONDE CON ALABANZA Y SE ALEGRA.

CHARLES FILLMORE

Humor santo

¿**E**s la risa teológicamente adecuada? Rara vez esperamos desternillarnos de risa cuando pensamos en las cosas espirituales. Sin embargo, ¿es esa la perspectiva de Dios?

En la novela de Umberto Eco *El nombre de la Rosa*, un taimado monje llamado Jorge envenenaba a todo el que intentaba leer un libro de la biblioteca del monasterio que sugería que Dios reía. Jorge temía que si los monjes pensaban que Dios reía, el Señor se convertiría en algo muy familiar para ellos, demasiado común, y perderían su temor reverencial hacia Él. Es probable que Jorge nunca considerara la idea de que reír es una de las cosas que nos distinguen como criaturas hechas a la imagen de Dios.

En el libro *Spiritual Fitness*, Doris Donnelly nos dice que el humor tiene dos elementos: una aceptación de las incongruencias de la vida y la habilidad para no tomarnos muy en serio. La fe cristiana está llena de incongruencias: los mansos heredan la tierra, lo sencillos enseñan sabiduría, la muerte lleva a la vida, una virgen da a luz, un Rey

Dios desde su trono se ríe.
SALMO 2:4, TLA

nace en un establo. Y muchas de las incongruencias de la vida están llenas de humor[4].

El humor también nos ayuda a liberarnos de todo sentido de importancia exagerada y enfrentar la realidad sobre nosotros mismos. La ansiedad por nuestros propios esfuerzos oscurece lo que Dios hace en nuestra vida. ¡Un buen consejo espiritual puede ser: «Ríase»!

¿Cómo renovamos nuestro sentido del humor?

- Disponte a buscar el humor. Casi todas las situaciones contienen algún elemento de humor.
- Pasa tiempo con personas que tengan un buen sentido del humor, sus perspectivas serán contagiosas.
- Practica la risa. Haz una pausa cada día de unos diez minutos para reír.

Tú puedes beneficiarte de la risa. El humor requiere un sentido de honradez personal, sin arrogancia ni falsa humildad. También se ha demostrado que el humor es bueno para la salud. Dedica tiempo a reír cada día... es muy bueno para el alma y también para el cuerpo.

LA RISA ES UNA FORMA ECONÓMICA DE MEJORAR TU SALUD.
ANÓNIMO

Estorbos

En la novela de Julio Verne *La isla misteriosa*, se habla sobre cinco hombres que se escapan de un campo de prisioneros de una Guerra Civil mediante el robo de un globo. Al elevarse en el aire se dan cuenta que el viento los lleva hacia el océano. Mientras observan cómo la tierra firme desaparece en el horizonte, se preguntan cuánto tiempo logrará permanecer el globo en el aire.

A medida que pasan las horas y el globo se aproxima a la superficie del océano, los hombres deciden que deben arrojar algo del peso a bordo porque no tienen forma de calentar el aire del globo. A regañadientes, arrojan zapatos, abrigos y armas, y los preocupados viajeros sienten que su globo se eleva.

Sin embargo, al poco tiempo descubren que el globo se acerca una vez más de forma peligrosa a la superficie de las olas,

Despojémonos de todo peso y del pecado que nos asedia.

Hebreos 12:1, rv-60

así que lanzan al mar los alimentos. Para desdicha, esto también fue solo una solución temporal y la nave amenaza de nuevo bajar los hombres al mar. Uno de ellos tiene una idea: pueden atar las cuerdas que sostienen la barquilla y sentarse en ellas. Luego sueltan la barquilla que queda debajo de ellos. Al hacerlo, notan cómo el globo se eleva otra vez.

A los pocos minutos, divisan tierra. Los cinco saltan al agua y nadan hasta la isla. Estaban vivos debido a que fueron capaces de discernir la diferencia entre lo que era necesario de verdad y lo que no lo era. Las «necesidades» que antes pensaban que no podrían vivir sin ellas eran las mismas cargas que casi les cuestan la vida.

¿Por qué no hacer una evaluación sincera de las cosas que quizá te frenen hoy? ¿Son necesidades físicas o espirituales tuyas o de alguien que amas? ¿Cómo sería tu vida sin ellas? Si las eliminas, ¿dispondrías de más tiempo para las cosas en tu vida que importan de verdad?

Pídele a Dios que te muestre cómo podrías mejorar tu vida si haces algunos cambios y si eliminas algunas cosas que te agobian.

NO ES SUFICIENTE ESTAR OCUPADO... LA PREGUNTA ES: ¿EN QUÉ ESTAMOS OCUPADOS?
Henry David Thoreau

Detente y piensa

Parece que cuando tenemos prisa y estamos retrasados, solo tropiezas con los semáforos en rojo. Aunque son irritantes cuando vamos corriendo a una cita, los semáforos están allí para nuestra protección.

También necesitamos semáforos a lo largo de nuestro día. El trabajo duro y las agendas bien cargadas necesitan interrupciones con tiempos de esparcimiento y reflexión. Sin eso nos enfermaremos de gravedad con dolencias causadas por el estrés. El tiempo que se dedica a la recreación y la relajación puede rejuvenecer nuestro espíritu. Este poema de W.H. Davies nos dice que dediquemos tiempo a «detenernos y contemplar»:

Dios […] nos provee de todo en abundancia para que lo disfrutemos.
1 Timoteo 6:17

Qué es esta vida si, llena de preocupaciones,
No tenemos tiempo para detenernos y contemplar.
No hay tiempo para estar de pie debajo de las ramas
Y fijar la mirada en las ovejas o las vacas.

No hay tiempo para ver, al pasar por los bosques,
Dónde las ardillas esconden sus nueces en la hierba.
No hay tiempo para ver, a plena luz del día,
Los arroyos llenos de estrellas, como las estrellas de la noche.
No hay tiempo para echarle una ojeada a las Bellezas,
Y observar sus pies, cómo pueden danzar.
No hay tiempo para esperar hasta que su boca pueda
Enriquecer la sonrisa que esbozaron sus ojos.
Una vida es pobre si, llena de preocupación,
No tenemos tiempo para detenernos y contemplar[5].

Hay dos maneras de pasar a lo largo de nuestra vida ocupada. Una es dejar de pensar. La segunda es detenernos y pensar. Muchos viven de la primera forma. Llenan cada hora con incesante actividad. No se atreven a estar solos. No hay tiempo para la serena reflexión sobre la vida. La segunda manera, detenernos y pensar, consiste en contemplar para qué es la vida y para qué fin vivimos. El significado literal de la palabra *sabat* es «dejar de hacer lo que se está haciendo».

Durante este día, concédete unas «minivacaciones» de cinco o diez minutos. Quédate solo, tranquilo y escucha lo que te dice Dios. Dedica tiempo para estar a solas con Dios.

UNA VIDA FELIZ CONSISTE EN
TRANQUILIDAD DE LA MENTE.
Marco Tulio Cicerón

La promesa de Dios

Una persona que llevaba a cabo una encuesta informal sobre las oraciones de los creyentes en sus iglesias descubrió que la mayoría de la gente realiza uno o dos tipos de oración. El primero era el tipo SOS, que no solo significa «Salvad nuestras almas», sino también «Oh Dios, ayúdanos ahora».

El segundo era RNP: «Resuelve nuestros problemas». Las personas le pedían al Señor que les ayudara en todas sus necesidades, dificultades, pruebas y tentaciones. Querían vidas perfectas, despreocupadas y creían firmemente que eso era lo que Dios les había prometido. La conclusión que sacó de la encuesta fue: «La mayoría quiere que Dios lo haga todo».

Sin embargo, Dios no ha prometido vivir nuestra vida *por* nosotros, sino más bien caminar *con* nosotros a través de nuestra vida. Nuestra parte es ser fieles y obedientes; su parte es dirigirnos, guiarnos, protegernos y

> *De una cosa podrán estar seguros: estaré con ustedes siempre [de forma perpetua y constante y en cada ocasión], hasta el [mismo] fin del mundo.*
> MATEO 28:20, LBD

ayudarnos. Annie Johnson Flint reconoce la verdadera naturaleza de la promesa de Dios en este poema:

«Lo que Dios ha prometido»

Dios no ha prometido
Cielos siempre azules,
Sendas cubiertas de flores
Durante toda nuestra vida;
Dios no ha prometido
Sol sin lluvia,
Gozo sin tristeza,
Paz sin dolor.
Pero Dios sí ha prometido
Fuerzas para el día,
Descanso de las labores,
Luz para el camino,
Gracia para las pruebas,
Ayuda de lo alto,
Compasión constante,
Amor sin fin[6].

Haz lo que sabes que puedes hacer hoy... ¡y luego confía en Dios para que Él haga lo que *no puedes* hacer!

TÚ NO PUEDES CONTROLAR LA DURACIÓN DE TU VIDA, PERO SÍ PUEDES CONTROLAR SU ANCHO Y PROFUNDIDAD.

EVAN ESAR

Conocedor de tu valor

En su libro *Up from Slavery*, Booker T. Washington describe así a un ex esclavo de Virginia:

> Descubrí que este hombre había hecho un contrato con su amo, dos o tres años antes de la Proclamación de Emancipación, lo que le permitía al esclavo comprar su propia libertad al pagar una cierta cantidad cada año por su cuerpo; y mientras pagaba por él, podía trabajar donde quisiera y para el que quisiera.

Al enterarse de que podía recibir mejor salario en Ohio, se fue allá. Cuando llegó la libertad, todavía le debía a su antiguo amo unos trescientos dólares. A pesar de que la Proclamación de Emancipación le declaraba libre de toda obligación con su amo, el negro caminó hasta donde vivía su antiguo amo en Virginia y le puso en su mano hasta el último dólar con intereses.

Que vuestro sí sea sí, y vuestro no sea no, para que no caigáis en condenación.

SANTIAGO 5:12, RV-60

26

Al hablarme de esto, el anciano me dijo que él sabía que no tenía que pagar su deuda, pero que había dado su palabra a su amo y que no olvidaría su compromiso. Sentía que nunca podría disfrutar de su libertad hasta que no cumpliera su promesa[7].

Aunque nació en la esclavitud, el hombre descrito por Washington conocía bien su valor como persona. Más importante aun, sabía que como hijo libre de Dios, su palabra debía ser confiable. Sabía que podría dormir tranquilo si cumplía la palabra que daba a otros.

Vivimos en un mundo en el que dar la palabra no se toma muy en serio. Dios quiere que caminemos en bendición y durmamos en paz, y por eso nos exhorta a que cumplamos con nuestra palabra.

Sé consciente de todas las veces que les haces promesas a los demás hoy y asegúrate de cumplirlas. No solo dormirás más lleno de paz, sino que tus amigos, familiares, vecinos y compañeros de trabajo también te respetarán.

EL RESPETO POR UNO MISMO ES LA MÁS NOBLE PRENDA CON QUE SE PUEDE VESTIR UN HOMBRE.
SAMUEL SMILES

Paradas al borde del camino

Un santuario es un lugar de refugio y protección, un lugar en el que puedes dejar el mundo atrás.

Los viajeros en la Edad Media encontraban pequeñas capillas levantadas a lo largo del camino. En cada una solía haber una cruz y la imagen de un santo. Los viajeros podían parar en esos «santuarios» a fin de descansar y orar, y recuperar las fuerzas para continuar el camino.

Nuestro mundo contemporáneo no tiene capillas al borde del camino para paradas de descanso. Sin embargo, nuestra mente y corazón todavía se cansa. Tenemos que idear nuestras propias paradas al borde del camino, no en las carreteras auténticas, pero sí en el camino de nuestra vida diaria.

Asistir a un culto de adoración en un fin de semana no nos provee en realidad de todo lo que necesitamos para sostenernos durante el resto de la semana. Por muy inspirador que sea el culto, necesitamos algo más para poder seguir adelante hasta el culto siguiente. Necesitamos paradas durante la semana, santuarios íntimos aquí y allá

Jesús […] se retiró de nuevo a la montaña él solo.

JUAN 6:15

donde podamos parar y dejar que Dios renueve nuestra alma con su presencia.

¿Cuáles son algunos de los santuarios que podemos hallar para descansar y encontrar restauración?

- Leer las Escrituras es uno de los lugares de parada. Sumérgete en un pasaje favorito o en los Salmos.
- Un pequeño libro de devocionales, como este que lees ahora, es una buena forma de restaurar las energías.
- Un buen amigo cristiano en el que confías y con el que puedes abrir tu corazón sin temor es un tipo de santuario. Puedes ganar mucho de la fe, ánimo y perspectivas de otros.
- Tu propio servicio de comunión durante la semana te ofrece la oportunidad de nutrirte con la Cena del Señor.
- Ir a un parque o sentarte en tu patio y leer te brinda la oportunidad de descansar, inspirarte y gozarte en la creación de Dios.
- Cantar en voz alta uno de los grandes himnos cristianos o cantos de alabanza te ayuda a restaurar tu gozo.

Jesús es tu ejemplo, y Él a menudo se apartaba a un lugar tranquilo a fin de recobrar fuerzas de su Padre celestial. ¡Establece tu santuario personal hoy!

QUÉ AGRADABLE DELEITE ES PERMITIRSE
UNA VIDA DE QUIETUD.
WILLIAM HAWTHORDEN DRUMMOND

¿Qué sabes?

«El conocimiento es de dos clases», dijo Samuel Johnson. «Nosotros conocemos el tema o sabemos dónde encontrar la información sobre el mismo».

Existe también un tercer campo de conocimiento: lo *incomprensible*. Por mucho que tratemos de descubrir todos los secretos del universo, hay sencillamente algunas cosas que nunca las descubriremos ni las comprenderemos. Como el apóstol Pablo dijo a los corintios: «Ahora conozco de manera imperfecta, pero entonces [en la vida venidera] conoceré tal y como soy conocido» (1 Cor. 13:12).

Es tentador llegar a saberlo todo. Saber cómo hacer algo, cómo arreglar algo, o cómo encontrar algo nos hace sentirnos muy bien. Todos hemos experimentado la recompensa asociada con el aprendizaje de nuevas habilidades y desarrollarlas hasta el máximo de nuestra capacidad.

La mayoría de nosotros también disfruta cuando otros acuden a nosotros buscando respuestas o información. Mucho de nuestra

Todo lo considero pérdida por razón del incomparable valor de conocer a Cristo Jesús, mi Señor. Por él lo he perdido todo, y lo tengo por estiércol, a fin de ganar a Cristo.
Filipenses 3:8

30

autoestima se deriva de lo que conocemos o de lo que podemos hacer.

Aun así, debe haber un equilibrio. Tenemos que enfrentar la dura realidad de que no podemos saber todo lo que hay que conocer sobre cada cosa. Nunca vamos a lograr la habilidad perfecta hasta el punto de nunca cometer errores. A decir verdad, mientras más sepamos sobre algo, más nos damos cuenta de *cuánto* desconocemos. Mientras más expertos seamos en nuestras habilidades, más nos damos cuenta que suceden accidentes, que algunos días son «malos» y que todos tenemos una crisis de vez en cuando.

Si lo decidimos, podemos llegar a obsesionarnos con nuestra perfección y potencial, dedicando todo nuestro tiempo disponible a la lectura, al estudio y a tomar cursos. Podemos escuchar casetes mientras caminamos y hacer que todas las vacaciones se conviertan en una «experiencia de aprendizaje».

Sin embargo, una forma más sabia de vivir es dedicar más tiempo a conocer a Dios. Mientras más le conoces, más fácil te resultará confiar en Él; escuchar su voz; y mostrar su amor a tu familia, amigos, vecinos y compañeros de trabajo. Aprenderás las cosas que necesitas conocer con el fin de llevar a cabo su voluntad. Lo que conocemos y podemos hacer nunca es tan satisfactorio e importante como conocer a Dios y servir a otros.

En vez de intentar convertirte en un banco de información, conviértete en un canal de bendiciones.

ENSÉÑAME, MI DIOS Y REY, A VERTE EN TODAS LAS COSAS; Y TODAS LAS COSAS QUE HAGO, ¡HACERLAS COMO PARA TI!
GEORGE HERBERT

Miope

¿Te pierdes las oportunidades transformadoras de la vida debido a que padeces de miopía? Considera estos ejemplos:

Un hombre se acercó a un taxista en Nueva York y le dijo: «Necesito que me lleve a Londres». El taxista le dijo que no le era posible cruzar el Atlántico. El cliente insistió en que sí era posible. «Lléveme al muelle; pondremos el taxi en un barco de carga hasta Liverpool y desde allí me lleva hasta Londres, donde le pagaré lo que marque el taxímetro».

El taxista accedió, y cuando llegaron a Londres, el pasajero le pagó lo que marcaba el taxímetro, más una propina de mil dólares.

Después el taxista se dedicó a dar vueltas por Londres sin saber qué hacer con exactitud. Entonces un londinense le llamó y le dijo:

Por lo tanto, siempre que tengamos la oportunidad, hagamos bien a todos, y en especial a los de la familia de la fe.

GÁLATAS 6:10

—Quiero que me lleve a Nueva York.

El taxista no podía creer en su buena suerte. ¿Cuán a menudo uno puede encontrar una persona en Londres que quiera ir en taxi hasta Nueva York?

—Primero tomamos un barco...—empezó a decir el pasajero.

—Eso ya lo sé. Así que, ¿adónde quiere ir en Nueva York? —le interrumpió el taxista.

—A Riverside Drive y la calle 104 —le respondió el pasajero.

—Lo siento mucho —le contestó el taxista—, pero yo no manejo por el lado oeste de la ciudad.

Jesús estaba bien instruido en las Escrituras y seguía a menudo las tradiciones de su pueblo. También tenía una rutina diaria de oración y de servicio a las necesidades de las personas. No obstante, no permitió que las tradiciones ni las preferencias personales se interpusieran en su determinación de llevar a cabo la voluntad de Dios para cada día.

Busca las oportunidades que te da Dios para servirle y servir a otros. No permitas que tus rutinas diarias, prejuicios personales o miopía te lleven a perderte lo que Dios quiere hacer hoy en ti y por medio de ti.

UNA BUENA OBRA NUNCA SE PIERDE; QUIEN MUESTRA CORTESÍA COSECHA AMISTAD Y EL QUE PLANTA BONDAD RECOGE AMOR.
San Basilio

33

Dios es bueno

Una antigua leyenda de un cisne y una grulla nos habla de la bondad de Dios, que puede ser diferente de lo que nosotros creemos que es bueno.

Un bello cisne se posó para descansar a la orilla de una laguna donde se encontraba una grulla caminando y buscando caracoles. La grulla miró al cisne por unos minutos y luego le preguntó:

—¿De dónde vienes tú?

—¡Yo vengo del cielo! —respondió el cisne.

—¿Y dónde está el cielo? —preguntó la grulla.

—¡El cielo! —respondió el cisne—. ¡El cielo! ¿Nunca has oído hablar del cielo?

Y el bello cisne le describió a la grulla el esplendor y la grandeza de la ciudad eterna. Le habló acerca de las calles de oro y de las puertas y muros hechos de piedras preciosas. Le contó acerca del río de la vida de aguas puras y cristalinas. En una de las orillas del río se levantaba un árbol con hojas para la sanidad de las naciones del mundo. El

Amigo, sube más arriba.
Lucas 14:10, rv-60

cisne siguió describiendo con un lenguaje grandioso y elocuente a la multitud de santos y ángeles que moraban en el mundo eterno.

Un tanto sorprendente, pero la grulla no parecía interesarse para nada en este lugar del que hablaba el cisne. Al fin le preguntó al cisne:

—¿Hay allí caracoles?

—¡Caracoles! —dijo el cisne obviamente disgustado por ese pensamiento—. No, allí no hay caracoles.

—Entonces puedes quedarte con tu cielo —respondió la grulla, al tiempo que seguía buscando por la sucia y cenagosa orilla—. ¡Lo que yo quiero son caracoles![8]

Esta fábula contiene una profunda verdad. ¿Cuántos de nosotros le volvemos la espalda al bien que Dios tiene para nosotros a fin de seguir buscando caracoles?

Busca el bien que Dios te tiene preparado en este día. Pídele a Dios que te dé el deseo por su bien, en vez de lo que tú consideras que es bueno. No te apresures a enterrar tu cabeza en lo profundo del cieno cuando Dios quiere que experimentes las delicias y gozos del cielo.

NUESTRO AMOR POR DIOS SE PRUEBA POR LA PREGUNTA DE SI LO BUSCAMOS A ÉL O SUS DONES.
Ralph Wahington Sockman

Forma y sustancia

La preocupación de los estadounidenses por la «imagen» parece haber alcanzado unas proporciones escandalosas. Los cristianos, como todos los demás, quieren ofrecer la mejor apariencia posible. Es lamentable que esto puede algunas veces llevar a sobresalir en la forma y olvidarse casi por completo de la sustancia. Considera esta historia:

Un cristiano devoto que tenía una gata, acostumbraba a dedicar varios minutos cada día a la oración y meditación en su cuarto. Leía una porción de las Escrituras y un libro devocional, seguido por un tiempo de meditación en silencio y oración. Con el tiempo, sus oraciones fueron cada vez más largas e intensas. Llegó a valorar mucho este momento de quietud en su habitación, pero a su gata también le gustaba. Se acomodaba a su lado, ronroneaba con fuerza y rozaba su peludo cuerpo contra el suyo. Esto interrumpía el tiempo de oración del hombre, así que

Cuando te pongas a orar, entra en tu cuarto, cierra la puerta y ora a tu Padre, que está en lo secreto. Así tu Padre, que ve lo que se hace en secreto, te recompensará.

MATEO 6:6

colocó un collar alrededor del cuello de la gata y la ataba a una de las patas de la cama siempre que deseaba que no le molestara mientras oraba. Esto no parecía molestarle a la gata y significaba que el hombre podía meditar y orar sin interrupciones.

Con el paso de los años, la hija de este devoto cristiano llegó a notar cuánto había significado para él este tiempo devocional. Cuando empezó a establecer ciertas pautas y rutinas para su propia familia, decidió seguir lo que le había visto hacer a su padre. Con diligencia, ató a su gato a la pata de la cama y luego prosiguió con sus devocionales. Sin embargo, en su generación, el tiempo se movía con más rapidez y ella no pudo dedicar tanto tiempo a la oración como lo hacía su padre.

Llegó el día cuando su hijo creció. Él también quiso conservar algunas de las tradiciones familiares que significaron tanto para su madre y su abuelo. Aun así, el ritmo de la vida se había acelerado todavía más y, sencillamente, no había tiempo disponible para un momento devocional elaborado. De manera que eliminó el tiempo de la meditación, la lectura de la Biblia y la oración. No obstante, a fin de cumplir con la tradición, cada día mientras se vestía, ¡ataba el gato de la familia a la pata de la cama!

QUIEN CESA DE ORAR
CESA DE PROSPERAR.
SIR WILLIAM GURNEY BENHAM

Una ventana abierta al mundo

Una historia inglesa titulada «La ventana maravillosa» cuenta sobre un oficinista londinense que trabajaba en unas circunstancias monótonas y deprimentes. Su edificio de oficinas se encontraba en una parte de aspecto ruinoso de la ciudad y que no tenía mantenimiento.

Sin embargo, aquel oficinista no estaba dispuesto a permitir que su enfoque de la vida lo determinaran las condiciones deprimentes que le rodeaban. Así que un día compró una bella y multicolor ventana oriental pintada con una escena inspiradora.

El hombre la llevó a su lugar de trabajo y la instaló en una de las paredes de la oficina. Cuando aquel diligente y desanimado oficinista miraba a través de la ventana, no veía las conocidas escenas de barrio pobre, con calles oscuras y sucios mercados. Por el contrario veía una limpia ciudad con altos castillos y torres, verdes parques y casas hermosas en calles bien trazadas. En la torre más alta de la ventana había un gran

Oh Señor, te ruego que abras sus ojos para que vea.
2 Reyes 6:17, LBLA

38

estandarte blanco con un caballero fuerte que protegía la ciudad de un dragón fiero y peligroso. Esta maravillosa ventana puso una «aureola» en las tareas diarias de aquel joven.

De alguna manera al trabajar largas horas en sus tediosas tareas de llevar los libros de contabilidad, procurando que todas las cuentas estuvieran en buen orden y cuadraran, sentía que trabajaba para el caballero del estandarte. Este sentimiento producía un sentido de honor y dignidad. Había encontrado un propósito noble al ayudar al caballero a mantener la ciudad feliz, bella, próspera y fuerte.

Tú tampoco tienes que dejar que tus circunstancias o lo que te rodea te desanime. Dios te ha enviado a tu lugar de trabajo, ya sea en el hogar, en una oficina, en una escuela o en una fábrica, a fin de cumplir con una tarea noble para Él. Eres su obrero, aportando su belleza a todo lo que te rodea.

LO QUE DIOS QUIERE ES NUESTRO MEJOR TRABAJO, NO LOS DESECHOS DE NUESTRO AGOTAMIENTO. CREO QUE ÉL PREFIERE LA CALIDAD A LA CANTIDAD.
GEORGE MacDONALD

El problema con tener razón

Lo creas o no, a menudo resulta más difícil recibir con dignidad una disculpa que ofrecerla. Como cristianos, sabemos que tenemos que perdonar «setenta veces siete» (Mateo 18:22, RV-60), pero algunos de nosotros podemos perdonar sinceramente y con todo proyectar un aire de superioridad impropio de un hijo del Rey.

Si estás esperando que alguien se dé cuenta de que te debe una disculpa, usa tu tiempo de descanso en el trabajo para pensar en una respuesta que refleje una actitud de perdón genuina y permita que el transgresor sienta que todavía disfruta de tu respeto. Considera esta simpática ilustración:

Un pasajero en el vagón restaurante de un tren examinaba

«¡Ya lo saben!
Si tu hermano
peca contra ti,
repréndelo; si
se arrepiente,
perdónalo».
Lucas 17:3, LBD

el menú del día. La lista incluía un sándwich de ensalada de pollo y un sándwich de pollo. Se decidió por el sándwich de ensalada de pollo, pero distraído escribió sándwich de pollo en la hoja de pedido. Cuando el mesero le trajo el sándwich de pollo, el cliente protestó enojado.

La mayoría de los meseros habrían echado mano enseguida a la orden de pedido y le hubiera mostrado al cliente que el error era suyo. Este mesero no lo hizo así. En su lugar, pidió disculpas por el error, recogió el sándwich de pollo, lo llevó a la cocina y poco después puso el sándwich de ensalada de pollo delante del cliente.

Mientras comía su sándwich, el cliente revisó su orden de pedido y se dio cuenta de que él fue quien cometió el error. Cuando llegó el momento de pagar la cuenta, el hombre le pidió disculpas al mesero y se ofreció a pagar por ambos sándwiches. El mesero respondió diciendo: «No se preocupe. Todo está bien. Me hace feliz saber que usted me ha perdonado por tener razón».

Al aceptar en un inicio la culpa y dejar al pasajero que descubriera su error, el mesero consiguió dos cosas: le permitió al pasajero no perder su dignidad, recordándole ser más cuidadoso antes de culpar a otros, y creó una mejor atmósfera para todos en el vagón restaurante. La próxima vez que las personas te culpen por los errores que comenten, no te pongas a la defensiva, en su lugar busca una forma creativa para hacer bien las cosas.

LO MÁS IMPORTANTE NO SE QUIÉN TIENE
LA RAZÓN, SINO LO QUE ES BUENO.
Thomas Huxley

Una pausa para orar

¡Un descanso en el trabajo es un buen momento para orar! Cuando oramos al comienzo del día, nuestra oración es a menudo por dirección general y la ayuda del Señor. Cuando oramos en medio del día, es mucho más probable que nuestra oración sea específica y dirigida a necesidades y preocupaciones inmediatas. Para cuando llega el tiempo del descanso, ya tenemos una mejor idea de lo que nos va a traer el día, ¡incluyendo los peligros, dificultades o tentaciones que vamos a enfrentar! Con ese conocimiento, nacido de la experiencia, es que esta oración de San Patricio cobra mayor significado:

Sosténme conforme a tu promesa, y viviré.
Salmo 119:116

Que la sabiduría de Dios me instruya,
los ojos de Dios velen sobre mí,
los oídos de Dios me escuchen,
la Palabra de Dios me hable con dulzura,
la mano de Dios me defienda,
el camino de Dios me guíe.

Cristo conmigo,
Cristo delante de mí,
Cristo en mí,
Cristo debajo de mí,
Cristo sobre mí,
Cristo a mi derecha,
Cristo a mi izquierda,
Cristo en este lado,
Cristo en ese lado,

Cristo en el corazón de todo el que le hablo,
Cristo en la boca de todo el que habla de mí,
Cristo en los ojos de todo el que me ve,
Cristo en los oídos de todo el que me escucha hoy.
Amén[9].

Dedica tiempo en medio de tu día a pedirle al Señor que te envuelva con su presencia, que te dé su aliento sin fin y su ayuda fiel. Y, como resultado, sé un vaso que lleve su presencia, ánimo y ayuda a otros.

NO TE FIJES EN EL VASO, SINO
EN SU CONTENIDO.
PROVERBIO HEBREO

¡Dios sabe!

¿**N**o te has preguntado alguna vez si Dios ha perdido tu dirección? ¿No has pensado alguna vez si ha perdido tu pista o incluso se ha olvidado por completo de ti? La Palabra de Dios responde a esos pensamientos con un resonante: «¡No!».

Jesús enseñó a sus seguidores: «¿No se venden dos gorriones por una monedita? Sin embargo, ni uno de ellos caerá a tierra sin que lo permita el Padre [...] Así que no tengan miedo; ustedes valen más que muchos gorriones» (Mateo 10:29, 31).

El salmista también reconoce el conocimiento íntimo y completo que Dios tiene de nosotros. Lee estas palabras del Salmo 139 y anímate. El Señor no solo te conoce, sino que también conoce con exactitud lo que enfrentas y experimentas en este día. Aun si no eres consciente de su presencia, puedes estar seguro de que Él está a tu lado:

«Hasta los cabellos de la cabeza él los tiene contados uno por uno».

Mateo 10:30, dhh

Oh Señor, tú me has examinado el corazón y lo sabes todo respecto a mí. Sabes si me siento o me levanto. Cuando estoy lejos, sabes cómo es cada uno de mis pensamientos. Trazas la senda delante de mí, y me indicas dónde meterme y descansar. Cada momento sabes dónde estoy. Sabes lo que voy a decir antes que lo diga. Vas delante y detrás de mí, y colocas tu mano de bendición sobre mi cabeza.

Esto es demasiado glorioso, demasiado admirable... *¡Jamás* podré extraviarme de tu Espíritu! *Jamás* podré alejarme de mi Dios.

Tú me viste antes que yo naciera y fijaste cada día de mi vida antes que comenzara a respirar. ¡Cada uno de mis días fue anotado en tu libro!

¡Qué precioso es, Señor, darse cuenta de que continuamente estás pensando en mí! Ni siquiera puedo contar cuántas veces al día tus pensamientos se dirigen a mí. Y cuando despierto en la mañana, aún estás pensando en mí.

SALMO 139:1-7, 16-18, LBD

ANTES DE QUE DIOS CREARA EL UNIVERSO,
YA TE TENÍA EN MENTE.
ERWIN W. LUTZER

¿La fortaleza de quién?

En la primavera resulta entretenido observar a los pajaritos bebés con sedosas coronas cómo empiezan a explorar lo que les rodea. Se asoman al borde del nido y miran a su alrededor para examinar el mundo grande y desconocido que tienen a su alcance.

Al principio pueden mirar al abismo debajo de sus pies y volver enseguida a la seguridad conocida del nido. Quizá se imaginan que la fortaleza de sus propias alas sin estrenar es lo único que les salvará de una caída mortal, ¡y ellos saben cuán débiles y poco entrenadas están sus alitas!

No obstante, cuando los hacen salir del nido, o tienen el valor de lanzarse solos al exterior a fin de probar ese primer vuelo, comprueban que el aire los sostiene cuando extienden las alas.

Cuando soy débil, entonces soy fuerte.
2 Corintios 12:10

¿Cuán a menudo permitimos que las situaciones y circunstancias desconocidas nos dominen y amenacen en nuestra imaginación? A veces cuando miramos las circunstancias fuera de nuestro «nido» conocido, nos sentimos como el pajarito. Le echamos un vistazo a nuestra debilidad y quizá deseemos volvernos y dirigirnos a lo seguro.

En tiempos de crisis, ya sean reales o imaginarios, ¿qué nos llama Dios a hacer? Puede que esté tratando de hacernos salir del nido y de que «extendamos nuestras alas», de manera que podamos crecer en nuestra fe.

Cuando Pedro vio al Señor Jesús caminando sobre el mar de Galilea, clamó: «Señor, si eres tú, mándame que vaya a ti sobre el agua». Jesús contestó: «Ven». Pedro saltó de la barca y empezó a caminar sobre las aguas hacia Jesús. Fue cuando quitó sus ojos de Cristo y se fijó en el viento que se llenó de temor y empezó a hundirse. Clamó de nuevo: «¡Señor, sálvame!» Y, por supuesto, ¡Jesús lo hizo! (Véase Mateo 14:27-31).

Cuando miras tus propios recursos, puedes sacar ese sentimiento de que te vas a hundir. Esta mañana, pon tus ojos en Jesús y busca sus recursos. ¡Entonces tendrás valor para aventurarte en territorio desconocido!

NO OREMOS POR CARGAS MÁS LIGERAS,
SINO POR ESPALDAS MÁS FUERTES.
Dicho de los Amish

Conozcamos la voluntad de Dios

Acada cristiano le conviene conocer la voluntad de Dios, tanto en su conjunto como en los detalles diarios. Todos necesitamos preguntar a menudo: *¿Qué quiere Dios que yo haga? ¿Cómo quiere que viva?*

San Ignacio de Loyola vio el hacer la voluntad de Dios no solo como el mandamiento para nuestra vida, sino también nuestra recompensa.

> Enséñanos, buen Señor, a servirte como mereces: a dar sin contar el costo, a luchar sin contar las heridas, a trabajar y a no buscar descanso, a laborar sin pedir recompensa excepto saber que hacemos tu voluntad[10].

Si he hallado gracia en tus ojos, te ruego que me muestres ahora tu camino.
ÉXODO 33:13, RV-60

El verdadero significado de la vida y el profundo sentido de satisfacción y propósito lo encontraremos cuando hagamos la voluntad de Dios.

48

¿Cómo sabemos que estamos haciendo la voluntad de Dios? Una de las maneras más sencillas es esta:

1. Conságrate al Señor cada día, y a intervalos durante el día, con solo decir: «Señor, pongo mi vida en tus manos. Haz conmigo lo que tú quieras».

2. Confía en el Señor para que te provea el trabajo y las relaciones que necesitas a fin de cumplir su propósito en tu vida.

Como Roberta Hromas, una destacada maestra de Biblia, dijera una vez: «Solo responde a las llamadas en tu puerta, en tu teléfono y contesta tus cartas. El Señor pondrá en tu camino las oportunidades que Él desea que busques».

La voluntad de Dios no es un misterio que tratas de descubrir con urgencia. Él no desea que su voluntad sea un secreto porque la Biblia está llena de pasajes sobre el conocimiento de su voluntad. La clave está en buscar su voluntad, escuchar al Espíritu Santo y estudiar su Palabra. ¡Entonces puedes saber lo que Él ha planeado para ti!

EL CORAZÓN DEL HOMBRE ES RECTO
CUANDO QUIERE LO QUE DIOS QUIERE.
SANTO TOMÁS DE AQUINO

El efecto dominó

No todos los que consagran su vida a Jesucristo tendrán el llamado a ser de renombre mundial. La mayoría de nosotros tenemos el llamado a cumplir papeles menos notables en nuestras iglesias, comunidades y familias. No obstante, solo Dios puede saber cuán importante es nuestro papel para el futuro de miles, y aun de millones de personas.

Hace siglo y medio vivió y murió un humilde ministro en un pequeño pueblo en Leicestershire, Inglaterra. Vivió allí toda su vida y nunca viajó muy lejos de su hogar. Nunca estudió en un seminario ni obtuvo ningún título académico, pero fue siempre un fiel ministro del pueblo.

[El grano de mostaza] es la más pequeña de todas las semillas, cuando crece es la más grande de las hortalizas y se convierte en árbol, de modo que viene las aves y anidan en sus ramas.

MATEO 13:32

En su congregación había un joven zapatero remendón a quien le prestó especial atención, enseñándole la Palabra de Dios. Este joven era William Carey, más tarde aclamado como uno de los grandes misioneros de los tiempos modernos.

Aquel ministro local tenía también un hijo, un muchacho que educó con fidelidad y animó sin cesar. El carácter y los talentos del muchacho recibieron la profunda influencia de la vida del padre. El joven creció y llegó a ser el orador público más elocuente de su tiempo: Robert Hall. Admirado por todas partes debido a la santidad de su carácter y su poderosa predicación, sus sermones ejercieron notable influencia en las decisiones de los hombres de estado.

Al parecer, el pastor del pueblo logró poco en su vida como predicador. No hubo avivamientos espectaculares, ni grandes milagros, ni un notorio crecimiento de iglesia. Sin embargo, su testimonio fiel y su vida piadosa tuvo mucho que ver para dar a la India un misionero como Carey y a Inglaterra un predicador como Robert Hall.

Cuando pienses que no ejerces mucha influencia en el mundo al enseñar una clase de Escuela Dominical o al visitar a los enfermos en sus casas, recuerda al modesto predicador de pueblo que su testimonio fiel sirvió para bendecir a dos naciones y acercarlas al Señor.

NUNCA SABEMOS QUÉ ONDAS DE SANIDAD PONEMOS EN MOVIMIENTO CON LA SENCILLA SONRISA DEL UNO AL OTRO.
HENRY DRUMMOND

En proceso

Un cartel en el vestíbulo de un hotel en remodelación anunciaba: «Por favor, sea paciente. La renovación en progreso tiene algo nuevo y maravilloso». ¡Quizá cada uno de nosotros necesite llevar un cartel como ese! Todos somos proyectos inconclusos bajo construcción, en vías de convertirnos en algo maravilloso. Al ser conscientes de esto, podemos ser más comprensivos y pacientes con los demás, así como con nosotros mismos, mientras el trabajo está en marcha.

La esperanza es la anticipación de lo bueno. Como el vestíbulo del hotel en el desorden de la remodelación, nuestra esperanza existe a pesar de las circunstancias actuales. ¿Cuál es la base de nuestra esperanza?

El que comenzó tan buena obra en ustedes la irá perfeccionando hasta el día de Cristo Jesús.
Filipenses 1:6

Para el cristiano, la esperanza no es simple optimismo ni la negación de la realidad. Cristo Jesús es la razón de nuestra esperanza, la Roca sólida de nuestra fe. Como escribió el autor del himno: «Mi esperanza solo descansa sobre la sangre y la justicia de Jesús». Nunca vivimos sin esperanza si conocemos al Señor Jesús.

El objetivo de nuestra esperanza es ser como Jesús. Esta quizá parezca una meta muy elevada y que va más allá de nuestras posibilidades alcanzarla, y así es. Entonces, ¿cómo la alcanzamos?

Las Escrituras nos dicen que «Cristo en ustedes» es nuestra esperanza. (Véase Colosenses 1:27). La transformación de nuestra vida a la semejanza de Cristo es una meta que es mayor que la vida. Como Pablo escribió a los corintios: es una desdicha tener esperanza solo para esta vida (véase 1 Corintios 15:19). La esperanza cristiana es para esta vida y para la eternidad.

En una pequeña capilla en las colinas de las Tierras Altas de Escocia hay una frase en la puerta principal cincelada en lengua gaélica. La traducción dice: «Entra como eres, pero no te vayas como viniste». Cuando vamos a Jesús, podemos acudir como somos; pero de su presencia no vamos a salir iguales. Esa es nuestra esperanza[11].

NUESTRA ESPERANZA NO ESTÁ EN EL HOMBRE QUE PUSIMOS EN LA LUNA, SINO EN EL QUE PUSIMOS EN LA CRUZ.

DON BASHAM

Infelicidad que nos causamos nosotros mismos

Algunas personas no pueden entender por qué la vida les ha traído tanta infelicidad. Ven que otros a su alrededor disfrutan la vida y eso solo aumenta su desdicha. Están convencidos de que su horrible suerte en este mundo es un complot de otros para hundirlos. En verdad, la desdicha siempre la fraguamos nosotros mismos. Aquí tienes una receta infalible para la desdicha que apareció en el *Gospel Herald:*

Engaño hay en el corazón de los que piensan el mal; pero alegría en el de los que piensan el bien.

Proverbios 12:20
rv-60

Piensa en ti mismo.

Habla sobre ti mismo.

Usa el «Yo» tan a menudo como sea posible.

Mírate sin cesar en el espejo de la opinión de otros.

Escucha con avaricia lo que otros digan de ti.

Sé desconfiado.

Espera ser apreciado.

Sé celoso y envidioso.

Sé sensible a los desaires.
Nunca perdones una crítica.

No confíes en nadie excepto en ti.
Insiste en que te traten con consideración y el debido respeto.
Exige que estén de acuerdo con tus puntos de vista en todo.
Refunfuña si la gente no agradece los favores que les haces.

Nunca olvides un servicio que quizá hayas hecho.
Está al tanto de las oportunidades para ti.
Rehuye tus deberes todo lo que puedas.
Haz lo menos posible por los demás.
Ámate sobre todas las cosas.
Sé egoísta[12].

Los resultados de esta receta están garantizados. Es más, ni siquiera necesitas todos los ingredientes para lograr la desdicha total.

Por otro lado, si la infelicidad no es tu idea de una buena oportunidad, haz solo lo contrario. Si lo haces, ¡te será muy difícil sentirte incluso un poco desanimado!

PARA CASI TODOS LOS HOMBRES EL MUNDO ESTÁ CENTRADO EN ELLOS, LO CUAL ES UNA DESGRACIA; TENER EL MUNDO DE UNO CENTRADO EN DIOS ES PAZ.
DONALD HANKEY

Un «cuerpo de trabajo»

Sesenta y cinco años tienen justo quinientas sesenta y nueve mil cuatrocientas horas. Si restamos las horas que una persona pasa creciendo y recibiendo una educación general básica, y luego restamos las horas que esa persona dedica normalmente a comer, dormir y en actividades recreativas, todavía tienes ciento treinta y cuatro mil horas para trabajar entre las edades de dieciocho y sesenta y cinco años.

¡Eso es mucho tiempo! Sin embargo, mucha gente al llegar a la edad de jubilación, mira atrás a los años pasados y concluye: «Solo pasaba el tiempo y recibía una paga».

A partir de hoy, enfócalo de otra manera. ¡Decide crear un «cuerpo de trabajo» con el tiempo que tienes!

Un cuerpo de trabajo es más que una carrera o un montón de logros, premios y

> *Jesucristo, quien se dio a sí mismo por nosotros para redimirnos de toda iniquidad y purificar para sí un pueblo, celoso de buenas obras.*
> Tito 2:13-14, RV-60

hazañas. Un «cuerpo» de trabajo es solo eso: físico y humano. Un cuerpo de trabajo es *personas.*

El rey David deseó edificar un gran templo para el Señor. El profeta Natán fue a ver al rey con la Palabra de Dios sobre la idea: «El Señor te hace saber que será él quien te construya una casa». David tenía en mente una casa de mortero y cedro. ¡El Señor tenía en mente familia y relaciones! (Véase 2 Samuel 7).

Dedícate a conocer a las personas con que trabajas. Pasa tiempo con ellas. Valóralas. Cuéntales tus experiencias. Mantente a su lado cuando enfrenten crisis y cuando celebren logros. Cuenta a tus colegas, y a los que están por encima y por debajo de ti en el escalafón de la organización, entre tus amigos y trátalos *como* amigos. Edifica relaciones que perduren a través de los años, sin importar a quién transfieran, promuevan, o despidan. Las *personas* te importarán mucho más que las posesiones cuando llegues a la edad de la jubilación.

VÉALO TODO; PASE MUCHO POR ALTO; CORRIJA UN POCO.
Papa Juan XXIII

Aprovecha la oportunidad

La medicina... ¡qué profesión tan fascinante! Ofrece salarios elevados, prestigio, respeto, viajes, compromisos de discursos, curar al enfermo y descubrir nuevas medicinas.

La medicina es tediosa a veces, expone a muchas enfermedades, riesgos de diagnósticos erróneos, ver morir a los pacientes, largas horas de trabajo, poco descanso, escaso tiempo familiar y demandas judiciales por negligencia profesional.

La medicina... quizá no sea tan fascinante después de todo.

Cuando los médicos pasan la mayor parte del año tratando de ayudar a sus pacientes resolviendo varias enfermedades físicas y mentales, mientras trata de no involucrar sus emociones, ¿adónde van para sanar sus propios espíritus heridos?

Una médica en Michigan regresa al hogar en Vermont para ayudar a su padre

Así dice el Señor:
«Deténganse en los caminos y miren; pregunten por los senderos antiguos. Pregunten por el buen camino, y no se aparten de él. Así hallarán el descanso anhelado».
Jeremías 6:16

58

y hermano en el trabajo de recoger el heno. «Es un trabajo elegantemente sencillo», dice ella. La tarea tiene una serie de pasos básicos que cuando se siguen, resulta en fardos de heno bien empacados, que luego se sacan de los campos y se venden el siguiente invierno. Recoger el heno es un trabajo duro y agotador que hace sudar, pero tiene un comienzo, un punto medio y un final satisfactorio... a diferencia de la medicina[13].

Todos necesitamos una actividad que sea la antítesis de lo que hacemos a diario. Necesitamos algo que nos ayude a romper con la rutina.

Los que se encuentran metidos todo el día en una actividad mental encuentran a menudo que los trabajos manuales son muy agradables y gratificantes. Por otra parte, los que pasan el día realizando duros trabajos manuales, a menudo disfrutan haciendo rompecabezas, leyendo o siguiendo un curso de estudio.

Los que trabajan con personas en un ambiente de mucho estrés descubren con frecuencia gran placer en trabajar en la jardinería o en otras actividades solitarias. En cambio, los que trabajan solos a menudo pasan sus horas de descanso con otras personas.

Todos necesitamos salir por completo de nuestro medio de trabajo por un poco de tiempo cada día, o por una semana o dos, cuando podemos hacerlo. ¡Eso es una parte crucial para disfrutar de una vida equilibrada!

DESCANSA; UN CAMPO QUE HA DESCANSADO DA UNA COSECHA ABUNDANTE.

Ovidio

Pan diario

El Señor Jesús conoce nuestra necesidad de alimentación física y espiritual. Sabe que no podemos conseguirlo solos, que al depender de nuestros propios recursos no contamos con todo lo que hace falta para la vida diaria, mucho menos para la vida eterna. Es más, nos crearon para depender de Él.

Cuando Jesús instituyó la Santa Cena, les dijo a sus discípulos: «Hagan esto en memoria de mí» (Lucas 22:19). Recordar a alguien es permitir que esa persona forme nuestra vida e influya en ella.

Porque no tenemos un sumo sacerdote que no pueda compadecerse de nuestras debilidades, sino uno que fue tentado en todo según nuestra semejanza, pero sin pecado.
HEBREOS 4:15, RV-60

Cristo les pedía a sus discípulos que le recordaran en la Cena del Señor para que, aun cuando no estuviera físicamente con ellos, todavía siguiera formando su vida y guiándola. Cuando acudimos y participamos de la mesa del Señor, testificamos que dependemos de Cristo.

Cuando recordamos a Jesús, viene a nuestra mente la imagen

del Señor que alimenta y sostiene nuestra alma. Un himno escrito por Arden Autry nos describe cómo Él nos dio con amor, y sigue dando, su vida por nosotros:

Al tomar este pan y beber esta copa,
Permite que tu corazón dé gracias y se anime.
Tu alma puede descansar en esta firme verdad:
Al comer este pan, todo lo que soy es tuyo.

Todo lo que soy es tuyo. Todo lo que soy lo di
Muriendo en la cruz, resucitando de entre los muertos,
Para cargar con tus pecados y restaurar tu vida:
Al comer de este pan, todo lo que soy es tuyo.

En las delicias y el gozo, en las profundidades del dolor,
En las horas de ansiedad a través de toda pérdida y ganancia,
Tu mundo puede desmoronarse, pero mi Palabra permanece:
Al comer este pan, todo lo que soy es tuyo[14].

Durante este descanso en el trabajo y a lo largo del día, recuerda a Jesús. Deja que Él dirija tus pensamientos y caminos. Su fortaleza y sabiduría te dará éxito y satisfacción en la vida.

LA MENTE CRECE MEDIANTE LO
QUE LA ALIMENTA.
JOSIAH GILBERT HOLLAND

Cada momento la veo en mí

¡Oh, tu fidelidad! ¡Oh, tu fidelidad!
Cada momento la veo en mí.
Nada me falta, pues todo provees.
¡Grande, Señor, es tu fidelidad!
HIMNO TRADICIONAL[15]

Hay siempre algo fresco y nuevo en el comienzo de cada día. A medida que el sol se filtra entre los árboles, los pájaros entonan sus cantos mañaneros y el día amanece, se despierta en nosotros la conciencia de que la mano de Dios obra en nuestro corazón y vida. El ayer ya pasó; para el mañana todavía falta un día. Sin embargo, el hoy nos ofrece un nuevo comienzo, aquí y ahora.

Dios, Dios mío eres tú; de madrugada te buscaré.
SALMO 63:1, RV-60

Por la mañana, SEÑOR, escuchas mi clamor; por la mañana te presento mis ruegos, y quedo a la espera de tu respuesta.
SALMO 5:3

A través de las Escrituras, el Señor nos invita a pasar tiempo con Él antes que enfrentemos las exigencias de la vida. Nos insta a buscarlo primero, a fin de darle lo mejor primero, y preguntarle a Él primero.

¿Por qué? Porque le necesitamos. Y saber que le necesitamos es siempre un buen lugar para empezar cualquier día.

Así como una buena noche de descanso renueva el cuerpo, un momento de quietud con Dios al amanecer revitaliza nuestro espíritu antes de que las responsabilidades del día caigan sobre nosotros. Comenzar el día con una calma santa antes de la prisa de la mañana puede significar la diferencia entre un día perdido y uno bien vivido.

«Por la mañana habrá gritos de alegría» (Salmo 30:5).

Sin importar lo que ocurrió ayer, tienes el hoy. Es un regalo de tu Padre celestial. Abre tu corazón a un momento de quietud con Dios. Que ese tiempo devocional de inspiración y gozo te ayude a celebrar tu fe en Dios, a renovar tu mente, renovar tu espíritu y animar tu corazón.

TODOS LOS PROBLEMAS DE LA VIDA NOS SORPRENDEN DEBIDO A QUE NOS NEGAMOS A SENTARNOS UN RATO CADA DÍA EN NUESTRO CUARTO PARA MEDITAR.
Blaise Pascal

Silencio santo

Todo está en calma cuando un hombre se sienta a la mesa del comedor, dejando que las páginas de su gastada Biblia se deslicen con suavidad por sus dedos y deleitándose en la paz del momento. Las páginas tienen un tacto agradable, y el leve ruido que hacen al caer apenas perturban la quietud. Las primeras horas de la mañana siempre le traen un silencio santo. Con los ojos de su mente recuerda otra mañana parecida.

El aire de la mañana es penetrante y cortante mientras él y su hermano giran hacia un camino de grava bordeado por campos de trigo. Al principio de su cultivo, el trigo tiene casi un metro de alto y su color es verde brillante. De pronto, el muchacho contiene

Tú, Señor, eres Dios clemente y compasivo, lento para la ira, y grande en amor y verdad.
Salmo 86:15

el aliento. En el borde del campo de trigo aparece un faisán con anillos en su esbelto cuello y crea ante sus ojos una brillante escena iluminada por el sol. Como en una especie de expresión divina, el faisán se para y adopta una atractiva postura.

64

El tiempo se detiene, el sonido cesa y Dios pinta una imagen en la mente del joven que permanecerá para toda la vida. Los tonos bellísimos del faisán, con su cuello blanco brillante, resplandecen al sol en contraste con el verde vivo del trigo, quedando grabado de forma marcada en su memoria. Siempre que revive aquel día, experimenta de nuevo la presencia de Dios y un sentido sobrenatural de contentamiento. El recuerdo desaparece con lentitud, pero la presencia de Dios permanece.

Sir Thomas Brown dijo: «La naturaleza es el arte de Dios». Todo lo que nos rodea es un asombroso recordatorio de un gran Dios que creó todas las cosas en cuestión de días. ¿No es maravilloso conocer de primera mano al Artista?

CUANDO DIOS HACE SENTIR SU PRESENCIA POR MEDIO DE NOSOTROS, SOMOS COMO LA ZARZA ARDIENDO; MOISÉS NO LE PRESTÓ ATENCIÓN AL TIPO DE ARBUSTO, ÉL SOLO VIO EL RESPLANDOR DEL SEÑOR.

GEORGE ELIOT

Un toque para despertar

La vida en el campamento militar significó un duro despertar para el joven que entró al Ejército para escapar de las reglas de sus padres. Pensaba que meterse en la vida militar le daría la libertad deseada y haría todo lo que le agradara. Sabía que el entrenamiento en el campamento sería duro, pero estaba convencido de que lograría sobrellevarlo. Además, el campamento solo duraba seis semanas. ¡Después sería libre!

Al despertar esa primera mañana bajo los gritos del sargento, el joven soldado se enfrentó a la realidad de que su madre, padre y todos sus maestros juntos no eran comparables con lo que le esperaba. Las seis semanas le parecieron una eternidad. Escribía con regularidad a su familia e incluía para sus padres las

Vuelvan a su sano juicio, como conviene, y dejen de pecar.
1 Corintios 15:34

primeras palabras de «gracias» que nunca antes habían recibido de su hijo. Expresó incluso palabras de gratitud por lo que sus maestros hicieron por él.

Este joven soldado descubrió muy pronto la importancia de

aprender a defenderse de los que podrían atacar a un soldado en la guerra. Se enfrentaba a una buena razón para estar despierto y preparado. El sargento entrenó a los jóvenes reclutas a anticiparse a la estrategia del enemigo, asegurándose de que fueran conscientes de que el enemigo, asegurándose de que fueran conscientes de que el enemigo acechaba y estaba listo para atacar sin previo aviso. Les enseñó que el enemigo es muy astuto y vigila y espera para atacarlos durante los momentos más débiles y vulnerables.

La Biblia nos advierte que despertemos y nos preparemos, así no pecaremos. Dios nos ha provisto de la armadura apropiada y del entrenamiento necesario para derrotar al enemigo. Nos convertimos en soldados de Jesucristo cuando nos unimos a su familia. Los enemigos de Dios son nuestros enemigos, y la batalla es por la más preciosa de las creaciones divinas: el alma humana.

DIOS SERÁ MI ESPERANZA, MI ROCA FIRME,
MI GUÍA Y LÁMPARA PARA MIS PIES.
WILLIAM SHAKESPEARE

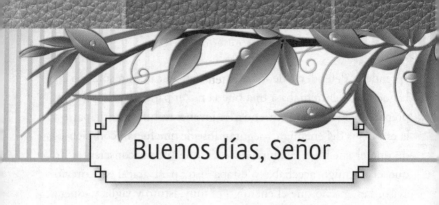

Buenos días, Señor

Hay algo extraordinariamente especial sobre los devocionales en las primeras horas de la mañana. Antes de que comience el ajetreo del día con su ruido y numerosas distracciones, hay casi siempre una calma que no es común en ningún otro momento del día, un prerrequisito esencial de quietud para entrar en comunión con Cristo. El Señor nos dio un buen ejemplo con su costumbre de levantarse temprano y orar.

La mañana es el primer paso en la lista de «cosas para hacer» que escribimos la noche antes y a un mundo de planes desconocidos preparados por Dios para que nos familiaricemos con ellos. La mañana es un tiempo maravillosamente privado en el que la conversación íntima y las amables respuestas tienen lugar entre Dios y sus hijos. Este es un tiempo para escuchar lo que hay en el corazón de Dios.

Oswald Chambers dijo: «Entra en un lugar íntimo para orar, donde nadie sabe que estás orando, cierra

Oh Señor, de mañana oirás mi voz; de mañana presentaré mi oración a ti, y con ansias esperaré.
Salmo 5:3, lbla

68

la puerta y habla con Dios en secreto. No tengas otra razón para hacerlo que conocer a tu Padre celestial. Es imposible llevar una vida de discípulo fiel sin momentos definidos de oración secreta».

Entre la medianoche y la mañana
Tú que tienes fe para mirar con ojos audaces
Más allá de la tragedia de un mundo de conflictos,
Y confiar en que de la noche y de la muerte se levantará
El amanecer de una vida más espaciosa;
Regocíjate, cualquiera que sea la angustia que desgarra
tu corazón,

Que Dios te ha dado, para una dote inapreciable,
Vivir en estos grandes tiempos y tener tu parte
En la hora de la coronación de la libertad;
Que podamos decir a tus hijos que ven la luz
Alta en el cielo, que es su herencia.
«¡Vi huir a los poderes de las tinieblas!
¡Vi el comienzo de la mañana!»

OWEN SEAMAN

LES PUEDO DECIR QUE DIOS ESTÁ VIVO
PORQUE HABLÉ CON ÉL ESTA MAÑANA.
BILLY GRAHAM

El arte de preocuparse

Esta era la primera reunión de un grupo de apoyo para jóvenes de escuela secundaria que habían sufrido pérdidas importantes en su vida. El líder del grupo no estaba seguro de lo que podía esperar, de modo que la pregunta le pilló por sorpresa.

«¿Por qué Dios mata a los bebés?»

La pregunta flotó en el aire por una eternidad, y dos jóvenes miraron con fijeza al consejero del grupo, a la espera de una respuesta. Él observó los rostros de los jóvenes al tiempo que pensaba cómo responder. Deseaba asegurarles que Dios no mataba a los bebés, aunque, por un momento, la respuesta a la pregunta parecía menos importante que lo que la provocó.

«Chicos, les debe haber pasado algo triste de verdad para hacer tal pregunta», respondió al fin.

Los dos hermanos contaron la triste experiencia de cómo toda

Ahora, pues, permanecen estas tres virtudes: la fe, la esperanza y el amor. Pero la más excelente de ellas es el amor.

1 Corintios 13:13

70

la familia tenía la esperanza de un nuevo bebé. Los muchachos deseaban convertirse en tíos a toda costa. Al final, su hermana mayor quedó embarazada, pero la bebé nació muerta. Ellos no podían entender el porqué pasaría esto.

Con cuidadosas palabras de ánimo y mucha atención, el consejero encontró la manera para que los dos hermanos entendieran la pérdida de su sobrina. Aunque al final comprendieron que la pérdida de su sobrina no fue un acto directo de Dios, seguían luchando con el porqué pasó.

A medida que los otros miembros del grupo contaron sus propias experiencias de pérdida y dolor, una relación especial empezó a surgir entre ellos que les ayudó a superar la tristeza. Parece que una vez que las personas se permiten hablar de sus tristezas con sinceridad, la oscuridad no puede permanecer.

El sicólogo Rollo May dijo: «La preocupación es un estado en el que las personas importan mucho; es la fuente de la ternura humana». ¡Dedica tiempo a preocuparte por los demás cada vez que puedas!

LA CAPACIDAD DE PREOCUPARSE ES
LO QUE DA A LA VIDA SU SIGNIFICADO
MÁS PROFUNDO.
PABLO CASALS

Solo los hechos

Hubo una vez un hombre que Juan Wesley pensó que era un mezquino; por lo tanto, lo respetaba muy poco. A tal grado era su predisposición por este hombre que, en una ocasión cuando le entregó una simple ofrenda para una obra de caridad digna, Wesley le criticó de manera abierta.

No mucho después, el caballero le hizo una visita a Wesley. Este se sorprendió al saber que ese hombre, alguien que imaginaba un avaro, estuvo en realidad alimentándose solo de papas y agua durante varias semanas. El hombre le dijo que en el pasado había caído en la trampa de acumular mucha deuda. Sin embargo, desde su conversión, había decidido pagar todas sus deudas a sus acreedores y, por tanto, no compraba casi nada para él y gastaba lo menos posible con el fin de alcanzar su meta.

«Cristo me ha convertido en un hombre honrado», dijo, «y así con todas esas deudas, solo puedo dar unas pocas ofrendas por encima

Enemistarse con el vecino es una tontería; el hombre sensato refrena su lengua.
PROVERBIOS 11:12, LBD

72

de mi diezmo. Debo primero arreglar las cuentas con mis vecinos no creyentes para mostrarles lo que la gracia de Dios puede hacer en el corazón de un hombre que una vez fue deshonesto».

Wesley entonces se disculpó con el hombre y le pidió que lo perdonara[16].

Es muy fácil señalar las faltas de los demás y criticarles cuando no conocemos sus circunstancias y las razones de sus acciones. Es asombroso cómo unos pocos hechos pueden cambiar para siempre nuestra percepción de una situación. Cuando nos sintamos impulsados a juzgar y criticar, es un buen momento para pedirle a Dios que nos dé sabiduría y paciencia para comprender los hechos.

CADA SER HUMANO DEBIERA
CONTAR CON UN CEMENTERIO DE BUEN
TAMAÑO DONDE ENTERRAR LAS
FALTAS DE SUS AMIGOS.
HENRY WARD BEECHER

A medida que pasa el tiempo

«¿**A**dónde se va el tiempo?», preguntamos. Aquí lo tienes, un nuevo día en el horizonte, y ni recordamos cómo llegó tan pronto. ¡Vaya!, la semana pasada parece que fue ayer, y el año que terminó voló como un vídeo a ritmo acelerado.

Lo peor de todo es que resulta difícil recordar en qué lo empleamos.

¿No debiera tener mayores recuerdos?, nos preguntamos. *¿Qué logré? ¿Es esto todo lo que hice con todo ese tiempo?*

Este es el día que el Señor ha hecho; regocijémonos y alegrémonos en él.
Salmo 118:24, LBLA

El cantante Jim Croce filosofó en su canción famosa «Time in a Bottle» que «al parecer nunca hay suficiente tiempo para hacer las cosas que tú quieres hacer, una vez que las has encontrado». Nos esforzamos mucho por encontrar la felicidad; pero a menudo nos cuesta comprender que la felicidad no es una meta a ganar, sino el resultado de una vida bien vivida.

Esta antigua oración ofrece una sencilla instrucción para disfrutar el día que el Señor ha hecho:

Dedica tiempo a trabajar, ese es el precio del éxito.
Dedica tiempo a pensar, esa es la fuente del poder.
Dedica tiempo a jugar, ese es el secreto de la perpetua
juventud.
Dedica tiempo a leer, ese es el fundamento de la sabiduría.
Dedica tiempo a ser amistoso, ese es el camino a la felicidad.
Dedica tiempo a soñar, eso es enganchar tu carruaje a
una estrella.
Dedica tiempo a amar y ser amado, ese es el privilegio
de los dioses.
Dedica tiempo a buscar, el día es muy corto para ser egoísta.
Dedica tiempo a reír, esa es la música del alma.

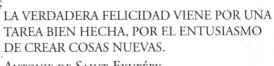

LA VERDADERA FELICIDAD VIENE POR UNA
TAREA BIEN HECHA, POR EL ENTUSIASMO
DE CREAR COSAS NUEVAS.
Antonie de Saint-Exupéry

Un cántico nuevo

El cantautor Bobby Michaels cuenta cómo un verano sintió una creciente ansia de sacar una nueva canción, pero no podía encontrarla en su interior. Mientras visitaba su casa publicadora para discutir un nuevo disco, conoció a un joven que hacía sus prácticas. Aquel joven le mencionó que había escrito canciones, y el mismo Bobby se vio abriéndole su corazón.

«Olvide lo que pueda apelar o vender», le dijo el joven. «Solo dígame lo que piensa que Dios quiere que cante». La historia de Bobby inspiró al joven a escribir una bella canción que comunicaba de forma increíble el sentir de Bobby. El título de la canción es «Mi Redentor es fiel y verdadero». Es una modesta y sencilla oración de agradecimiento a nuestro Creador. Es una reverente declaración de fe en la fidelidad de Dios. Hizo literalmente que el corazón de Bobby cantara de nuevo su amor por su Salvador.

Ni a los vendedores ni a los editores les gustó la canción. Es más, no creían que se vendería.

Puso en mis labios un cántico nuevo, un himno de alabanza a nuestro Dios.
SALMO 40:3

76

«Demasiado lenta», dijeron. «Demasiado redundante». Y así siguieron con sus comentarios. Aun así, Bobby permaneció firme en que esta canción venía directa de Dios y que estaba ungida por Él. Tenía la convicción de que le había ministrado a él y que les ministraría a otros.

¿Lo adivinas? Bobby tenía razón. Dios ha usado la canción para bendecir a un sinnúmero de personas, y el testimonio que da en sus conciertos antes de entonar la canción hace que miles de corazones canten con él. Y el joven que escribió la canción fue Steven Curtis Chapman, ganador de numerosos premios Dove y Grammy.

¡No es Dios sencillamente asombroso! ¿Qué cántico nuevo puso en tu corazón hoy?

UN PÁJARO NO CANTA PORQUE
TENGA UNA RESPUESTA, CANTA
PORQUE TIENE UNA CANCIÓN.
JOAN ANGLUND

Una razón para levantarse

Cuando acampas en el interior del bosque, la primera sensación que capta tu atención cada mañana es... el olor. El olorcillo tan aromático del alimento cocinándose sobre un fuego encendido es una forma maravillosa de despertar los sentidos. El sabroso aroma del tocino, las salchichas y sobre todo de una cafetera de café recién hecho, se esparce con suavidad por el bosque y penetra en las tiendas de campaña despertando a los soñolientos campistas y produciendo un recuerdo como ningún otro. Años más tarde los campistas hablan sobre esa experiencia como si la revivieran, casi capaces de oler de nuevo el café allí mismo. Es como un llamado a despertar que los campistas aprecian con mucha ternura.

¡Levántate y resplandece, que tu luz ha llegado! ¡La gloria del Señor brilla sobre ti!

Isaías 60:1

Cada uno de nosotros tiene momentos como esos que nos brindan un motivo de recuerdos preciosos que son especiales para nosotros. Estos momentos clásicos de placer permanecen en nuestra mente, de manera parecida a los olores de un desayuno delicioso que disfrutamos hace mucho tiempo en una excursión campestre. La primera llamada de la mañana nos lleva a un nuevo día y nos ayuda a establecer el lugar y el tono de las tareas por delante.

¿Puede ser que como seguidores de Cristo experimentamos el llamado a levantarnos en nuestras vidas que es más que simples recuerdos? Nuestras llamadas a levantarnos, las lecciones aprendidas y los «desiertos cruzados» con la ayuda y la presencia de Dios, pueden transformar estas experiencias en oportunidades que permiten que los planes de Dios para nuestra vida brillen por medio de nosotros para iluminar a un mundo perdido y depravado.

Isaías gritó: «¡Levántate y resplandece!». Muéstrales a otros el gozo de conocer a Cristo. Hay muchos que de otra manera nunca despertarán a la experiencia de ser hijos de Dios a menos que les comuniques el gozo de conocer a Cristo. Seamos el aroma de Cristo.

UNA VELA NO PIERDE NADA
AL ENCENDER OTRA VELA.

Proverbio

Eres uno de nosotros

«Está bien; a veces no sé por qué hago las cosas. Tú eres parte de nuestro grupo y te apoyamos». Con esa declaración, la tensión se evaporó del cuarto y otros adolescentes le expresaron a Sara su apoyo.

El escenario era una reunión de la comunidad de adolescentes de una institución de cuidados de la salud mental. Sara sufría de esquizofrenia crónica y a menudo no entendía sus acciones ni las controlaba. La tarde anterior, después de regresar de una visita a su hogar, provocó un pequeño fuego en su cuarto de baño que creó bastantes problemas para toda la unidad, incluyendo la evacuación y la cancelación de las actividades de la tarde.

A la mañana siguiente, el personal y los pacientes se reunieron

Sean bondadosos y compasivos unos con otros, y perdónense mutuamente.
EFESIOS 4:32

para solucionar los problemas por las acciones de Sara y el enojo originado entre los otros adolescentes. Durante casi una hora ella se sentó en silencio con el grupo mientras que los demás trataban de obtener una explicación. Sara no miraba a los ojos de nadie.

Sin embargo, cuando Samuel, otro paciente, atravesó el cuarto, se arrodilló ante ella, la miró al rostro y le expresó su apoyo, ella respondió. Sara contó cómo su madre se enojó con ella y le gritó: «¿Por qué no dejas ya de ser esquizofrénica?».

«Yo solo quería morir; por eso empecé el fuego», dijo Sara con una voz apenas audible.

La disposición de Samuel de perdonar a pesar del grave error de juicio de Sara preparó el camino para que ella abriera el corazón y explicara lo ocurrido.

Son los «Samuel» de este mundo los que nos establecen una comunidad debido a su perdón y compasión. Como dijera una vez San Francisco de Asís: «Es perdonando que somos perdonados»[17].

EL PERDÓN NO ES UN ACTO OCASIONAL,
SINO UNA ACTITUD PERMANENTE.
MARTIN LUTHER KING, HIJO

¿Cuál es el problema?

¿**A**lguna vez has tenido una dificultad que te despierta a las dos de la madrugada? Quizá sea un proyecto en el trabajo, un comité que terminaste de pronto presidiéndolo o el simple reto de tratar de pensar cómo llevarlo a cabo todo solo con dos manos. Cualquiera que sea el asunto, te arruina el sueño y te agota las energías para el día siguiente.

El creador de una serie de películas de capacitación para negocios describe el fenómeno de descubrir que las habilidades para resolver problemas no te llevan a ninguna parte:

> Uno empieza a pensar: Me siento incómodo. Estoy preocupado. No puedo hacer esto. Nunca debí haber empezado a probar. No soy creativo. Nunca fui creativo en la escuela. Soy un fracaso completo. Me van a despedir, y eso significa que mi esposa me dejará y... en otras palabras, empiezas a disfrutar de un auténtico, bueno y anticuado ataque de pánico[18].

Todo lo puedo en Cristo que me fortalece.
FILIPENSES 4:13

Los problemas se pueden sentir diez veces mayores en medio de la noche. Sin embargo, en realidad, y a la luz del día, las soluciones quizá no estén tan lejos como parecen.

El inventor Charles Kettering tenía un método único de resolver problemas. Dividía cada problema en las partes más pequeñas posibles, luego investigaba cada parte a fin de determinar cuáles estaban resueltas. A menudo encontraba que lo que parecía un gran problema ya estaba resuelto en noventa y ocho por ciento. Luego lidiaba con el resto.

Dividido en sus partes pequeñas, los problemas llegan a ser más controlables. Recuerda que, con Dios, todas las cosas son posibles. Él puede darnos paz en nuestras noches más oscuras y traernos sabiduría con el amanecer.

LOS OBSTÁCULOS EN EL CAMINO DEL DÉBIL SE CONVIERTEN EN UNA PASADERA EN EL CAMINO DEL FUERTE.
THOMAS CARLYLE

Como un bebé
recién nacido

En 1994, Jim Gleason se sometió a una intervención quirúrgica de trasplante de corazón que le salvó la vida a los cincuenta y un años. Después de sobrevivir a una de las operaciones más serias imaginables, muchos le preguntaron cómo se sentía al vivir con un corazón nuevo. Su analogía fue: «Como si hubiera nacido de nuevo, pero con cincuenta años de recuerdos y experiencias integrados».

Les daré un nuevo corazón, y les infundiré un espíritu nuevo; les quitaré ese corazón de piedra que ahora tienen, y les pondré un corazón de carne.

Ezequiel 36:26

Habló de su regreso a casa a los diez días del trasplante. Quiso dar un corto paseo por el patio. Acompañado por su hija, contemplaba maravillado el césped verde, tan brillante después de varias semanas de estar encerrado entre las paredes del cuarto del hospital. Recuerda:

Dejé de pasear. «¡Mira ese árbol!», le dije de pronto a María.

Le señalé a nuestro pequeño arce, tan brillante con los colores de ese claro, frío y seco día de otoño. Luego divisé un saltamontes y, como un niño pequeño, exclamé con júbilo: «¡Mira eso! ¡Un saltamontes!».

Su respuesta, sin dar crédito a mis reacciones, fue casi un sarcasmo: «¡Bien, si eso es emocionante, mira... ¡una mariquita!».

Después de cuatro años con su nuevo corazón, Jim todavía aprecia mucho los sencillos placeres de la vida. ¿Y cuándo corremos el riesgo de perder ese gran don? «Cuando los amigos y familiares te dicen que pronto volverás a la vida "normal"», reflexiona él. «Lucho por no volver nunca más a lo "normal" en ese sentido»[19].

Nosotros también, con la ayuda de Dios, podemos caminar en novedad de vida, sin que haga falta una operación. Demos gracias que no tenemos que ser «normales».

NO PIENSES TANTO EN LO QUE TE FALTA
COMO EN LO QUE TIENES.
PROVERBIO GRIEGO

Doble bendición

El estadista y financiero británico Cecil Rhodes, cuya fortuna adquirida en la explotación de minas de diamantes de África subvencionó las mundialmente famosas Becas Rhodes, se le conoció por su insistencia en la forma correcta de vestir, pero nunca a expensas de los sentimientos de los demás.

Se cuenta que Rhodes invitó una vez a un joven a una elegante cena en su hogar. El invitado tuvo que viajar una larga distancia por tren y llegó a la ciudad solo con el tiempo justo para ir directo a la cada de Rhodes con sus ropas de viaje. Una vez allí, se sintió muy mal al ver que la cena estaba a punto de comenzar y los demás invitados habían acudido con sus mejores galas. Sin embargo, a Rhodes no se le veía por ninguna parte. Un rato más

A la devoción a Dios, afecto fraternal; y al afecto fraternal, amor.
2 Pedro 1:7

tarde, apareció con un gastado traje azul. El joven se enteró después que su anfitrión se había vestido de forma apropiada para la fiesta, pero que se cambió y se puso el traje viejo al enterarse de la vergüenza de su invitado[20].

El rabí Samuel Holdenson captó el espíritu detrás del gesto de Rhodes al decir:

> La amabilidad es la imposibilidad de permanecer a gusto ante otra persona disgustada, la imposibilidad de permanecer cómodo ante otro que está incómodo, la imposibilidad de tener tranquilidad de espíritu cuando el prójimo está atribulado.

El acto más sencillo de amabilidad no solo repercute de manera profunda en quien lo recibe, sino que también bendice al que lo hace. Permite que nos sintamos bien al hacer que otros se sientan bien. Así que haz algo bueno por ti mismo hoy: ¡realiza un acto de bondad al azar!

UNO NO PUEDE HACER UN FAVOR DEMASIADO PRONTO PORQUE UNO NUNCA SABE CUÁN PRONTO SERÁ DEMASIADO TARDE.

RALPH WALDO EMERSON

Cada cual un crítico

Winston Churchill ejemplificó la integridad y el respeto delante de la oposición. Durante su último año en el cargo, asistió a una ceremonia oficial. A varias filas detrás de él dos caballeros comenzaron a murmurar: «Ese es Winston Churchill. La gente dice que se ha puesto senil. Dicen que debía hacerse a un lado y dejar la dirección de la nación a hombres más dinámicos y capaces».

Cuando la ceremonia terminó, Churchill se volvió hacia los hombres y les dijo: «Caballeros, ¡la gente también dice que él es sordo!»[21].

A casi todas las personas les resulta difícil pasar por alto el embate de la opinión pública. Les parece más fácil hacer las cosas que no quieren, o no hacer lo que saben que es bueno, antes que mantenerse firmes con sus convicciones y deseos. Un escritor llamó a eso «la adoración al dios de la opinión de la gente».

Ralph Waldo Emerson lo expresó así:

> *Así pues, los que sufren según la voluntad de Dios, en réguense a su fiel Creador y sigan practicando el bien.*
> 1 PEDRO 4:19

88

Para cualquier cosa que hagas, necesitas valor. Sea cual sea el camino que sigas, siempre hay alguien que te diga que estás equivocado. Siempre surgen dificultades que te tientan a creer que tus críticos tienen razón. Trazar un curso de acción y seguirlo hasta el fin requiere algo del mismo valor que necesitan los soldados. La paz tiene sus victorias, pero hacen falta personas valientes que las ganen.

Se necesita fortaleza y concentración para pasar por alto el dios de la opinión de la gente. Por fortuna, conocemos al Dios que nos puede conceder esas fuerzas y permanece con nosotros cuando vamos por el camino que sentimos que es el recto. Su opinión es la única que cuenta.

ANÍMATE. CAMINAMOS EN EL
DESIERTO HOY Y EN LA TIERRA
PROMETIDA MAÑANA.
Dwight Lyman Moody

Sensitiva

En las islas de Hawai crece una pequeña y delicada planta llamada sensitiva o mimosa, que pertenece a la familia de las Mimosáceas. Su nombre se deriva de los movimientos que hace cuando algo, incluyendo un cambio en el viento, se le acerca o la atraviesa. Esta pequeña y espinosa planta de la América tropical crece cerca del suelo. A menos que estés literalmente encima de ella no la puedes distinguir de la hierba o las malezas en la misma área y la puedes aplastar fácilmente con los pies.

Cuando el sol se levanta en el Pacífico Sur, la diminuta sensitiva se abre todo lo que puede y se yergue hacia el calor de los primeros rayos de sol de la mañana que descienden del cielo. Esta pequeñita planta tiene un mecanismo propio que causa que enseguida se repliegue y se contraiga por algo que quizá le cause daño. Sin embargo, la sensitiva no puede distinguir entre una cortacésped que se acerca para cortarla o un hombre que viene para asegurarse de que está protegida.

No toquen a mis ungidos.
SALMO 105:15

Todos tenemos un sistema de protección incorporado que nos protege del peligro y de los que quizá nos dañen. Dios nos dio su Palabra como un manual a fin de que nos equipe para ser conscientes de los métodos del enemigo y que nos prepare para saber cómo protegernos.

Todos podemos abrirnos cada mañana al cielo, aun cuando llueve o nieve, y recibir los cálidos rayos de su amor, protección y unción para el día que tenemos por delante. Dios nos ha bendecido con su sensibilidad, debemos estar alertas y usar las herramientas que Él nos ha provisto.

EL CAMINO DE DIOS SE TORNA
CLARO CUANDO EMPEZAMOS A
CAMINAR POR ÉL.
Roy L. Smith

El Maestro

La historia trata de la participación en un concierto del gran pianista polaco Ignacy Jan Paderewski. La actividad se celebró en una famosa sala de conciertos de los Estados Unidos, donde el artista fue a actuar para la élite social de la ciudad.

Esperando en la audiencia el comienzo del concierto estaba una mujer y su pequeño hijo. Después de sentarse por más tiempo del que su paciencia podía aguantar, el niño se le escapó a su madre. Estaba fascinado por el bello piano Steinway listo para la actuación y se acercó para verlo. Antes de que nadie se diera cuenta de lo que pasaba, subió al estrado, saltó a la banqueta del piano y empezó a tocar «Chopsticks».

Porque el SEÑOR tu Dios está en medio de ti, como guerrero victorioso. Se deleitará en ti con gozo, te renovará con su amor, se alegrará por ti con cantos.

SOFONÍAS 3:17

La audiencia se horrorizó. ¿Qué pensaría el gran Paderewski? Pronto los murmullos se transformaron en un coro de ruidosa desaprobación al tiempo que el gentío exigía que quitaran enseguida al niño de allí.

Detrás de bastidores, Paderewski escuchó turbación y, percibiendo la causa, corrió a unirse al niño en el piano. Extendió sus brazos alrededor del niño y por detrás de él e improvisó su propia versión de la melodía de su pequeño invitado. A medida que seguía el improvisado dúo, el maestro susurró al oído del niño: «Sigue... no lo dejes... no pares... no pares»[22].

Es posible que nosotros nunca toquemos al lado de un maestro del piano, pero cada día de nuestra vida podemos hacer un dúo con el Maestro. ¡Qué gran gozo es sentir sus brazos de amor alrededor de nosotros mientras nos susurra: «Sigue adelante... no te detengas... Yo estoy contigo»!

TODOS SOMOS CUERDAS EN EL
CONCIERTO DEL GOZO DE DIOS.
JAKOB BOHME

Corazón valiente

Kevin cuanta la historia de un querido amigo y hermano de la iglesia que falleció después de una larga vida de amor y servicio. En el funeral, sus hijos se levantaron uno a uno para contar historias sobre su padre, y pronto nos dimos cuenta de un tema recurrente: que su rasgo más notable era su disposición de servir a otros, sin importar la necesidad. Él era una de esas personas que siempre estaba dispuesta a tender una mano: hacer mandados y trabajillos, o llevar a alguien a casa en su auto. Una de sus hijas mencionó que a todo lugar que iba, siempre llevaba en el maletero del auto una caja de herramientas y ropa de trabajo, «por si acaso alguien necesitaba que le arreglara algo».

Muy a menudo, cuando escuchamos la palabra *valor*, la asociamos a actos heroicos en tiempos de crisis. Sin embargo, en nuestra vida diaria, no debiéramos pasar por alto el valor de solo estar allí. Las

> *Querido hermano, te estás portando fielmente en el servicio que prestas a los demás hermanos, especialmente a los que llegan de otros lugares.*
> 3 Juan 5, dhh

vidas cambian cuando le proveemos con fidelidad a nuestras familias, cuidamos los ancianos o prestamos atención a un amigo atribulado. La persistencia en hacer de este mundo un mejor lugar, para nosotros y otros, es sin duda una forma de valor.

A Albert Schweitzer, el gran misionero cristiano, médico y teólogo, le pidieron una vez durante una entrevista que mencionara el nombre de la persona viva más importante. De inmediato contestó: «La persona más extraordinaria en el mundo es un individuo desconocido que en este mismo momento se fue en amor para ayudar a otro».

Cuando te encamines al trabajo hoy, recuerda que tú te podrías convertir en el héroe de alguien.

LA MAYOR OBRA QUE CUALQUIERA
DE NOSOTROS PUEDE HACER POR OTRO,
YA SEA ANCIANO O JOVEN, ES
ENSEÑARLE A SACAR SU AGUA DE LOS
MANANTIALES DE DIOS.
F. B. Meyer

El valor del desastre

Durante diez años Thomas Edison intentó inventar el acumulador. Sus esfuerzos consumieron en gran medida sus recursos y, en diciembre de 1914, casi le lleva a la ruina cuando una combustión espontánea se inició en su cuarto de películas. En cuestión de minutos todos los materiales, compuestos y celuloides para grabar y filmar y otros bienes inflamables que tenía almacenados ardieron en llamas. Aunque vinieron los bomberos de ochos pueblos vecinos, la intensidad del calor y la poca presión del agua hicieron que fuera en vano el intento de apagar las llamas. Todo se destruyó.

Sino que también nos gloriamos en las tribulaciones, sabiendo que la tribulación produce paciencia.
Romanos 5:3, RV-60

Mientras que los daños excedían los dos millones de dólares, los edificios de concreto, que se creían a prueba de fuego, estaban asegurados por apenas la décima parte de esa cantidad. Charles, el hijo del inventor de veinticuatro años de edad, buscó desesperado a su padre, temiendo que su espíritu estuviera quebrantado. Al final Charles le encontró, observando con calma el fuego, con su rostro brillando por el reflejo y su blanco cabello ondeando por el viento.

«Me dolía el corazón por él», dijo Charles. «Tenía sesenta y siete años, ya no era un joven, y todo ardía en llamas.

»Cuando me vio, gritó: "Charles, ¿dónde está tu madre?". Cuando le dije que no lo sabía, me dijo: "Búscala y tráela aquí. Nunca verá algo como esto mientras viva"».

A la mañana siguiente, Edison miró las ruinas y dijo: «Hay gran valor en un desastre. Todos nuestros errores se quemaron. Gracias a Dios que podemos comenzar de nuevo». Tres semanas después del fuego, Edison logró presentar el primer fonógrafo[23].

Con cada nuevo día, tenemos la oportunidad de empezar de nuevo, sin importar nuestras circunstancias. Dejemos que el Señor nos muestre cómo recuperar la esperanza de las ruinas. Nunca se sabe qué alegrías se avecinan.

LA ESPERANZA ES COMO EL SOL, EL CUAL, MIENTRAS VIAJAMOS HACIA ÉL, LANZA UNA SOMBRA DE LAS CARGAS DETRÁS DE NOSOTROS.
Samuel Smiles

Destino:
La primera silla o...

La voz de Tony estaba marcada por la satisfacción mientras hablaba de sus años en la industria de la música. «Ah, podía tocar un poco la trompeta y algunos otros instrumentos, pero lo que es talento en sí, no tenía ninguno. Sin embargo, amo la música y este negocio».

Durante los últimos treinta años había participado en la publicación de música y la producción de espectáculos desempeñando muchas funciones. Aun así, según Tony, la decisión más importante que hiciera jamás ocurrió cuando era un trompetista de una orquesta local.

«Aún recuerdo mientras estaba sentado en el foso de la orquesta que alcé la vista hacia el joven que le entregaba unos papeles al director. Hablaron por un rato y luego se marchó». El joven era un arreglista musical y Tony dijo: «Eso cambió mi vida porque decidí en el acto que quería hacer lo mismo».

En toda labor hay fruto.
Proverbios 14:23, RV-60

98

Durante los siguientes años, Tony estudió y obtuvo su título universitario en música con especial énfasis en arreglos. Llegó a ser un profesional de éxito trabajando para las principales compañías de publicaciones musicales. Hoy sirve como gerente y líder en la compañía. Al acercarse a su jubilación, es obvio que Tony ama la profesión que eligió.

William Jennings Bryan dijo una vez: «El destino no es un asunto de suerte, sino de elección; no es algo que hay que esperar; es algo que se debe lograr»[24].

¿Te encuentras estancado en tu trabajo? ¿Sientes que estás en un callejón sin salida? ¿Estás inquieto? Pídele al Señor que te muestre un mejor camino para darle tus talentos al mundo. Él sin duda te abrirá nuevas puertas.

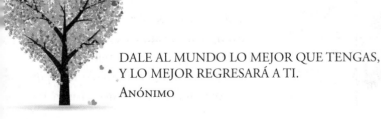

DALE AL MUNDO LO MEJOR QUE TENGAS,
Y LO MEJOR REGRESARÁ A TI.
Anónimo

¿Sabes qué?

«¡Papá! ¡papá!, ¿sabes qué?, ¿sabes qué?», gritó la niña mientras entraba corriendo en el cuarto y se subía al regazo de su padre.

«¿Qué? ¿Qué?», respondió él con igual vigor y entusiasmo.

Una de las mayores alegrías de su vida era ver el contagioso amor por la vida de Cristal, su preciosa hija de siete años. Es más, parecía atacar la vida con un voraz apetito por descubrir lo desconocido para él en cualquier otro niño.

Antes de que pudiera responder, él recordó algo similar ocurrido dos años antes cuando Cristal llegó de la escuela con un folleto ilustrado que describía los arrecifes de coral en los cayos de la Florida. En ese tiempo ella todavía no podía leer, pero la maestra le había leído el folleto a su clase y la niña lo recordaba casi palabra por palabra. Un par de semanas más tarde, mientras paseaban sobre los arrecifes navegando en un barco con fondo transparente, Cristal los deleitó a todos a bordo identificando los tipos de coral aun antes de que el guía los

Den voces de júbilo para siempre.
SALMO 5:11,
RV-60

señalara al grupo. Deseaba decirles a todos el conocimiento recién adquirido.

Despertándole de su ensueño, Cristal le anunció con alegría: «¡Mi fotografía ganó el primer premio en la Feria de Arte del condado!». Su corazón rebosaba de gozo al disfrutar de los logros de su hija. Se sentía muy orgulloso de ella. Con todo, lo más importante aun, estaba muy contento de que Dios bendijera su vida por medio de ella, y se deleitaba en escuchar sus noticias.

Dios el Padre también se regocija en nuestros logros. ¿No sería lindo entrar corriendo en su presencia, saltar a su regazo y gritar: «¿Sabes qué? ¿Sabes qué?» cada vez que alcanzamos una meta en la vida? Sí, es cierto, Él ya lo sabe, pero aun así Él se goza con nuestra gratitud y le encanta nuestro entusiasmo.

EL GOZO ES EL ECO DE LA VIDA DE DIOS
DENTRO DE NOSOTROS.
JOSEPH COLUMBA MARMION

Boletos de gracia

Una maestra de Biblia habló una vez acerca de los «Boletos de Gracia» de Dios. Decía que Dios está cerca y disponible para nosotros sin importar cuántas veces rogamos por un Boleto de Gracia extra. Su gracia está a nuestra disposición en cantidades generosas. Ella incluso oraba por tener la sabiduría de saber cuándo extender la mano y buscar otro boleto.

Cuando la alarma del despertador suena a las cinco y media de la mañana, es muy fácil sacar la mano de entre las sábanas y empujar el botón que detiene la alarma a fin de disfrutar de otros diez minutos de sueño. Bien puede suceder que repitas ese mismo movimiento involuntario cada diez minutos hasta la seis de la mañana, cuando está programado que suene la alarma del reloj de la radio.

A los que vienen a mí, no los echaré fuera.
Juan 6:37, dhh

En cuanto se escucha la voz anunciadora de la radio, saltas de la cama, al darte cuenta de que dormiste demasiado y debes hacer en veinte minutos lo que casi siempre te toma cincuenta. Las payasadas que tienen lugar en ese cuarto son dignas de exhibir en una comedia de la televisión.

Todos necesitamos varios Boletos de Gracia de Dios para momentos en la vida cuando intentamos poner a Dios y a su tiempo en espera. No obstante, Dios se ha hecho a sí mismo disponible para nosotros en cada minuto de la vida. Tenemos el privilegio de clamar a Él sin importar cuán grave ni pequeña sea nuestra situación. Su gracia es suficiente para cada uno de nosotros, en todo momento. Nunca se agota. Es asunto nuestro abrir los ojos cada mañana y extender la mano al Dador de todos los Boletos de Gracia.

Muchos de nosotros tenemos el hábito de empujar el botón del despertador cuando suena en el tiempo de Dios. Sin embargo, Él espera con paciencia con un gran montón de Boletos de Gracia para nosotros. ¿Por qué no pones tu reloj en hora con el de Él?

LA GRACIA VIENE AL ALMA COMO EL SOL DE LA MAÑANA A LA TIERRA: PRIMERO LA PENUMBRA, LUEGO UNA LUZ; Y AL FINAL EL SOL EN SU PLENA Y EXCELENTE BRILLANTEZ.

THOMAS ADAMS

Un recuerdo fotográfico

Al afamado fotógrafo y conservacionista Ansel Adams se le conocía por sus visionarias fotos del oeste, inspirados por su viaje de niño al Parque Nacional Yosemite. Su amor por la perfección salvaje de la naturaleza es evidente en sus impresionantes y fascinantes fotos en blanco y negro del desierto.

En 1944, fotografió una bella escena, más tarde titulada «Amanecer en invierno: La Sierra Nevada, desde Lone Pine, California». Presenta las escarpadas montañas de Sierra Nevada a la brillante luz del amanecer, un pequeño caballo de color oscuro aparece al pie de la montaña.

> *Si confesamos nuestros pecados, Dios, que es fiel y justo, nos los perdonará y nos limpiará de toda maldad.*
>
> 1 Juan 1:9

Sin embargo, se cuenta que más tarde, mientras Adams revelaba el negativo, notó una «LP» grabadas en la ladera. Al parecer, algunos adolescentes del instituto de la localidad grabaron sus iniciales en la montaña.

Con la intención de recuperar la imagen original de la naturaleza, tomó un pincel y tinta y con cuidado borró las iniciales de su negativo. El hombre que dio al Club Sierra su vista escénica creía en la preservación, incluso en la perfección, de la naturaleza en la vida así como también en la fotografía[25].

Es probable que Ansel Adams nunca pensara ni por un segundo en la fea cicatriz de la montaña en su foto creación. En los ojos de su mente, veía la belleza del original y tomó medidas para restaurar esa belleza en su mira.

Alguien comentó una vez que el «propósito de la cruz es reparar lo irreparable». Sabemos que por medio de la sangre de Cristo nuestros pecados son perdonados, nuestras cicatrices borradas y que, una vez eliminadas, nuestros pecados son olvidados. El Señor ya no los recuerda. Cuando estamos dispuestos a confesar nuestros pecados, Él se regocija en restaurarnos a nuestra belleza original.

LA CRUZ ES TOSCA, Y ES MORTAL,
PERO ES EFICAZ.
A. W. TOZER

Salvados por las hierbas

La agricultura, como otras ocupaciones de alto riesgo, requiere una gran fe, dependencia y confianza en la bondad y en el tiempo de Dios. Un año un agricultor de patatas se encontró con algunos problemas a causa del tiempo caluroso. Debido a que las patatas son una cosecha sensible y debe estar en el suelo un tiempo determinado, al agricultor le interesaba que se plantara según lo previsto.

Sin embargo, el tiempo se arruinó y plantó las patatas con solo cinco días de retraso. Mientras el programa de cultivo se iniciaba, todo parecía bueno excepto por dos parcelas donde comenzaron a crecer las hierbas sin control dos semanas antes de la cosecha. Era demasiado tarde para destruir las hierbas. El agricultor tenía que dejarlas crecer.

«Dejen que crezcan juntos hasta la cosecha».
Mateo 13:30

Otro problema más severo surgió cuando una huelga interfirió con la fecha específica de la cosecha. El agricultor sabía que dejar sus patatas demasiado tiempo bajo el calor del verano de Arizona

106

destruiría la cosecha. Entre tanto, la «alfombra de hierbas» seguía floreciendo y proveyendo una especie de cobija protectora sobre las patatas, mientras que las hierbas más altas daban sombra adicional. Más tarde, cuando los cosechadores examinaron los campos, descubrieron que donde las hierbas habían crecido, no había patatas podridas. En las áreas sin hierbas, las patatas se pudrieron debido al calor. Las hierbas salvaron sus cosechas. Las pérdidas solo eran de cinco por ciento.

A menudo Dios usa las circunstancias adversas en apariencia a fin de darnos sombra y protegernos de la «putrefacción» en nuestra vida. Las mismas «hierbas» que nos exasperan: las insignificantes irritaciones, las interrupciones crónicas, gente imprevisible, son a menudo los medios que Él usa a fin de realzar nuestro óptimo crecimiento y desarrollar una cosecha del carácter piadoso en nosotros.

LA FORTALEZA Y EL CRECIMIENTO SOLO VIENEN MEDIANTE EL ESFUERZO Y LA LUCHA CONTINUAS.

Napoleón Hill

Deforme

Phillip Carey, un huérfano y el personaje principal en la novela *Of Human Bondage*, nació con lo que se conoce con un «pie zopo». Debido a su deformidad, sus compañeros de escuela se burlaban a menudo de él y le excluían de sus juegos infantiles.

En una conmovedora escena, el pequeño Phillip está convencido de que si orara con el suficiente fervor, Dios le curaría su pie. Soñaba despierto por horas en la reacción de sus compañeros de clase cuando volviera a la escuela con un nuevo pie: se veía corriendo más deprisa que el más veloz de los niños y le daba gran placer la tremenda sorpresa que se llevarían sus antiguos torturadores. Al final se fue a dormir sabiendo que cuando despertara a la mañana siguiente, su pie estaría sano.

Me fue dado un aguijón en mi carne.
2 Corintios 12:7, RV-60

Sin embargo, el nuevo día no trae ningún cambio. Seguía con su pie deformado.

Aunque esa fue una más de las muchas desilusiones del joven Phillip, este demostró ser un momento clave en su aprendizaje para lidiar con las duras realidades de su vida. Sacando una fuerza interna que no sabía que tenía, decidió que su pie deforme no determinaría su destino en la vida. Aun así, la manera en que respondiera sería determinante en su vida. Si lo contemplaba con una deformidad paralizante, viviría una vida bien limitada. En su lugar, empezó a ver su deformidad nada más que como un obstáculo a vencer y que no sería un impedimento.

La vida está llena de grandes oportunidades ingeniosamente camufladas como desilusiones devastadoras. Para Phillip Carey fue un pie deforme. Para el apóstol Pablo fue un aguijón en la carne. Sea cual sea la dificultad en tu vida, no te desesperes. Con la ayuda de Dios, tú también puedes transformar tus cicatrices en estrellas, tus desventajas en fortalezas.

NUESTRAS PRUEBAS, NUESTROS DOLORES Y NUESTRAS TRISTEZAS NOS DESARROLLAN.
ORISON SWETT MARDEN

La prensa de aceite

En Jerusalén uno se puede parar en el huerto de Getsemaní en el monte de los Olivos y mirar a través del valle de Cedrón hacia la Puerta Oriental donde las Escrituras señalan que Jesús regresará un día. Se piensa que allí en el huerto está un olivo que tiene más de dos mil años. Quizá sea el mismo debajo del cual se arrodilló Jesús cuando agonizaba en oración antes de la crucifixión.

Los israelitas conocían bien la técnica de extraer el aceite de las aceitunas mediante el proceso de prensarlas que duraba tres días. El aceite de oliva era un ingrediente básico que se usaba en la alimentación y la cocina. Hasta hoy, el aceite de oliva virgen es el preferido de los grandes cocineros. En los tiempos bíblicos, el aceite de oliva también se usaba en las lámparas como una fuente de luz. Se usaba también para preservar, ungir y sanar. Hay mucho significado espiritual asociado con el aceite de oliva.

Por segunda vez se retiró y oró: «Padre mío, si no es posible evitar que yo beba este trago amargo, hágase tu voluntad».
MATEO 26:42

Quizá no es de extrañar que Cristo se arrodillara debajo de un olivo mientras escogía el sendero de la cruz. Cuando lo seguimos, reflejamos su amor; somos un buen aderezo para el mundo; y somos luz en la oscuridad. Cuando ponemos nuestra confianza en Él, nos preservamos hasta que Él venga de nuevo.

El huerto de Getsemaní es en la actualidad un lugar favorito de los visitantes de todo el mundo. Para cada persona, sin importar raza, religión o trasfondo, los olivos son como recordatorios constantes de la gracia de Dios y su amor redentor.

LA GRACIA DE DIOS ES INFINITA Y ETERNA. COMO NO TUVO COMIENZO, TAMPOCO TIENE FIN, Y SIENDO UN ATRIBUTO DE DIOS, ES ABUNDANTE E INFINITA.

A. W. TOZER

Hambre del alma

Apesar de los interminables días nublados de esta primavera, las aguileñas se las arreglaron para florecer. Son flores en forma acampanada que aparecen en tonos azules, rojos y amarillos, con delicados espolones que cuelgan imponentes sobre el follaje semejante al encaje. Danzan con gracia en la brisa y con sus brillantes colores atraen a los colibríes. No obstante, sin el sol de Dios, no parecen tan radiantes como en primaveras anteriores.

Lo mismo sucede con los humanos. Aunque seguimos nuestros códigos genéticos y crecemos físicamente hasta llegar a adultos saludables, no tenemos el fulgor sin el Hijo de Dios. Las ventanas de nuestra alma aparecen nubladas, y el amor de Dios no puede brillar a través de nosotros.

Así como las aguileñas tienen hambre de los cálidos rayos del sol, nuestra alma tiene hambre de la amorosa

> *La ciudad no necesita ni sol ni luna que la alumbren, porque la alumbra el resplandor [la Gloria] de Dios, y su lámpara es el Cordero.*
> APOCALIPSIS 21:23, DHH

presencia de Jesús. A diferencia de las aguileñas, sin embargo, nosotros podemos encontrar al Hijo aun en los nublados días de la desesperanza.

Podemos actuar a fin de buscar al Hijo mediante la práctica sencilla de leer o escuchar su Palabra y obedecerla. Podemos encontrarle en un jardín de flores, donde cada tallo y capullo es como una señal de su presencia. Podemos escuchar sus alabanzas mediante el susurro de las hojas que cuelgan de las ramas que se elevan en los árboles.

Conocer a Dios de una manera personal ilumina nuestra alma. Su resplandor llena nuestro corazón y vivifica nuestro espíritu con la esperanza de la vida eterna con Él en el cielo.

En el cielo, no hará falta el sol porque Dios mismo será nuestra Luz. Quizá las aguileñas del cielo siempre danzarán con el fulgor del brillo de la gloria de Dios.

LA GLORIA DE DIOS, Y COMO NUESTRO ÚNICO MEDIO PARA GLORIFICARLE, LA SALVACIÓN DEL ALMA HUMANA, ES LA VERDADERA OCUPACIÓN DE LA VIDA.
C. S. Lewis

Agua viva

Los horticultores nos dicen que las plantas crecen con fuerza en tierra bien humedecida en una profundidad de diez a quince centímetros. Entonces cuando llega el tiempo seco, las plantas logran sobrevivir mejor, aunque solo reciban agua una vez a la semana. Además, regándolas en las horas del atardecer disminuye el factor de evaporización que les quita humedad a las plantas. Una cosa es cierta, las plantas sanas que producen abundancia de hojas y hermosas flores y frutos exigen abundante agua aplicadas con cuidado a sus raíces. Los expertos dicen que el regadío ocasional aquí y allá causa más perjuicio que beneficio.

¡Si alguno tiene sed, que venga a mí y beba! De aquel que cree en mí, como dice la Escritura, brotarán ríos de agua viva.
JUAN 7:37-38

Así como las plantas llegan a tener sed, nosotros también la tenemos. Cuando la samaritana se encontró en el pozo con Jesús, Él le explicó que el agua física es temporal, pero el agua espiritual es eterna (Juan 4:13-14). Para llevar fruto, necesitamos el agua eterna de Cristo morando en nosotros. Si

114

vamos siempre con prisa y solo leemos un versículo de la Biblia acá y allá, nuestras raíces permanecen superficiales y pueden marchitarse en la estación seca. Al pasar más tiempo a solas con Dios en oración y en la lectura y meditación de su Palabra, desarrollamos el sustento interno para las pruebas venideras.

Cuando le permitimos a Dios que ponga su Agua Viva en nuestros corazones, no solo Él satisface nuestra sed espiritual, sino que también nos ayuda a crecer. Y a cambio, nosotros podemos ser fuentes para nutrir a otros.

ALLÍ DONDE VA EL HIJO DE DIOS, LOS VIENTOS DE DIOS SOPLAN, LOS RÍOS DE AGUA VIVA CORREN Y EL SOL DE DIOS SONRÍE.
HELMUT THIELICKE

De una pequeña semilla

Se cuenta que hace un siglo una princesa alemana estaba a punto de morir. Mientras se encontraba en su lecho de muerte, solicitó que su tumba la cubrieran con una gran losa de granito y que se colocaran bloques de piedra alrededor de la losa para sellar la tumba. También dio órdenes para que el granito y las piedras se unieran con grandes cierres hechos de hierro. A su petición, el epitafio en la lápida decía: «Esta tumba, comprada para toda la eternidad, no se debe abrir jamás».

«Las otras semillas cayeron en buen terreno. Brotaron, crecieron y produjeron una cosecha que rindió el treinta, el sesenta y hasta el ciento por uno».

Marcos 4:8

Al parecer, durante el entierro, una pequeña bellota cayó en la tumba. Al poco tiempo, un pequeño vástago comenzó a abrirse paso a través de una delgada grieta en la losa de granito. La bellota fue capaz de absorber el alimento suficiente para crecer. Después de años de crecimiento, el poderoso roble rompió las oxidadas abrazaderas. El hierro no pudo competir con el roble y las abrazaderas reventaron, dejando al descubierto la tumba que nunca se debía abrir. La nueva vida brotó de un lecho de muerte y un arbolillo.

Cada día nos dan numerosas oportunidades de aprovechar los nuevos comienzos. Los nuevos comienzos vienen a menudo cuando termina alguna otra cosa. Cuando permitimos que el pecado muera en nuestro corazón, encontramos nueva vida en Cristo. Quizá no sea por accidente que el poderoso roble, que es uno de los árboles más altos y fuertes en el mundo, se origine de una semilla tan pequeña.

LO QUE PARECE SER EL FINAL PUEDE QUE SEA EN REALIDAD UN NUEVO COMIENZO.
Anónimo

Un sendero de luz

Muchos jardines se iluminan con pequeños faroles externos que alumbran lo suficiente para impedir que los visitantes tropiecen en el camino. En un jardín que visité en San Agustín, Florida, diminutas luces blancas adornaban un mirador ubicado en el centro. Grandes árboles con forma de paraguas, bordeados con tiras de luces que brillaban como diamantes refulgentes, ampliaba la atmósfera romántica.

Aun las luces pequeñitas colocadas en el lugar apropiado logran iluminar un área grande. Tal es el caso de un museo en Israel que honra la memoria de los niños asesinados en el Holocausto. Solo la luz de seis velas ilumina el museo. ¿Cómo? Debido a que están situadas de forma estratégica delante de varios espejos en ángulo, que amplían las llamas y arrojan luz a través de las salas.

Tu palabra es una lámpara a mis pies; es una luz en mi sendero.
Salmo 119:105

En los años de 1800, un monje llamado Walter Denham, en Bélgica, colocaba una vela encima de cada uno de sus bien gastados zapatos de piel. Luego con las velas encendidas, podía vencer la oscuridad de la fría abadía de piedra paso a paso.

Quizá tú estés ahora en una serie de circunstancias oscuras, ya sean cosas que no puedes controlar o hábitos que no logras romper. Quizá te sientas vacío y solo por dentro. Al igual que Walter usó las velas para iluminar su camino físico, tú puedes buscar tu camino espiritual.

¿Necesitas luz para tu alma hoy? Confiar en Dios para que te ayude es lo mismo que echar mano de una lámpara en la oscuridad. Así como la luz de la mañana hace desaparecer la oscuridad de la noche, la Palabra de Dios revela la oscuridad de nuestro corazón e ilumina la verdad sobre nuestro Padre celestial que se preocupa.

La oscuridad es la ausencia de luz. Entonces, como Dios es luz, en Él no hay tinieblas en lo absoluto.

DIOS ES LA LUZ EN MI OSCURIDAD,
LA VOZ EN MI SILENCIO.
HELEN ADAMS KELLER

El poder de las flores

Los Jardines Butchart es una de las atracciones turísticas más famosas en Victoria, Columbia Británica. La elaborada exposición data de 1904, cuando Jenny Butchart decidió transformar parte de la cantera de piedra caliza de su esposo en un jardín a un nivel más bajo. Hoy está abierto todo el año e incluye un arreglo botánico de impresionante belleza.

Cuando uno camina por ese lugar tan agradable, resulta imposible escoger lo más sobresaliente de la exposición. Es obvio que las plantas son saludables y están bien atendidas. Cada una provee coloridas y diferentes flores, pero que hacen una significativa contribución a todo el diseño y trazado.

Porque no nos atrevemos a contarnos ni a compararnos con algunos que se alaban a sí mismos; pero ellos, midiéndose a sí mismos por sí mismos, y comparándose consigo mismos, no son juiciosos.
2 CORINTIOS 10:12, RV-60

Asimismo, parte de nuestro crecimiento espiritual es darnos cuenta de nuestra importancia en el jardín de Dios, en especial cuando ejercemos los talentos y habilidades que Él nos ha dado. Muchos se sienten inferiores por sus dones, y se comparan de forma desfavorable con otros. Y con todo, Dios crea personas diferentes del mismo modo que creó diferentes clases de flores. El lirio y la rosa tienen cada uno sus rasgos particulares. Es más, cada flor tiene sus características únicas. Los tulipanes, los claveles y los jacintos no son iguales, pero cada tipo de flor añade una fragancia y belleza en particular a cualquier arreglo floral.

Lo mismo sucede en la vida. Dedica unos momentos a hacer un inventario de tus dones. Luego pídele al Espíritu Santo que te guíe. Mediante su poder, puedes distinguirte en la vida de los demás, así como también en la tuya.

DA LO QUE TIENES. PARA ALGUIEN PUEDE SER MEJOR DE LO QUE TE IMAGINAS.
Henry Wadsworth Longfellow

Lecciones de la vida

Tú sabes que lo que hiciste estuvo mal, ¿no es cierto? Las palabras resonaron en la mente de Sandra al encaminarse esa tarde a casa desde la escuela. Era una buena estudiante que nunca había cometido fraude en su vida. No obstante, esta última tarea fue más de lo que podía hacer. En un momento de desesperación, copió el trabajo de otra estudiante.

Su maestra, la señora Wallace, le había pedido que esperara después de la clase, y Sandra sabía lo que le venía. Con todo, fue una sorpresa cuando la maestra le preguntó si aquel era en realidad su trabajo.

«Sí», logró decir, y luego se preguntaba por qué había mentido.

El amor debe hacernos decir siempre la verdad.
Efesios 4:15, TLA

Mirándola directo a los ojos, la señora Wallace dijo con cuidado: «Tú sabes que lo que hiciste estuvo mal, ¿no es cierto? Dedica tiempo esta noche a pensar en la respuesta y mañana temprano te volveré a preguntar si este es tu trabajo».

Fue una larga noche para Sandra. Era una joven estudiante del instituto y tenía una merecida reputación de sinceridad y amabilidad. Nunca antes había copiado, y ahora había complicado su error al mentir a propósito... y a alguien que admiraba y amaba. A la mañana siguiente se encontraba a la puerta del aula de la maestra Wallace mucho antes de que empezaran las clases oficialmente, y confesó avergonzada su mala acción. Recibió las consecuencias correspondientes: un cero en la tarea y un castigo (su primer y único castigo).

Años más tarde, Sandra a menudo pensaba en esa experiencia y sentía gratitud por la amorosa corrección de alguien que respetaba. La señora Wallace estuvo dispuesta a ayudar a Sandra a tomar decisiones honradas, incluso después de hacer algo indebido. Para Sandra, esta fue una lección de la vida sobre asumir la responsabilidad por los errores pasados y optar por la honradez sin importar las consecuencias.

TARDE O TEMPRANO TODOS NOS SENTAMOS EN EL BANQUETE DE LAS CONSECUENCIAS.
ROBERT LOUIS STEVENSON

Narradores

Los polinesios creen firmemente en la importancia de enseñar a la siguiente generación la historia de sus familias. Se sientan juntos y «cuentan la historia». Hablan con entusiasmo, y sus ojos brillan al contarles a los jóvenes sobre sus antepasados. Los de la generación más joven escuchan extasiados y absorben cada detalle. La historia de sus familias se pasa de unos a otros en narraciones fáciles de entender. Los niños prestan especial atención a fin de que cuando crezcan, sean capaces de pasar la historia familiar a la siguiente generación.

Las repetirás a tus hijos, y hablarás de ellas estando en tu casa, y andando por el camino, y al acostarte, y cuando te levantes.

DEUTERONOMIO 6:7, RV-60

En 1998 salió la exitosa película de dibujos animados titulada *El príncipe de Egipto*, que cuenta una vez más cómo los israelitas escaparon de la esclavitud en Egipto y su búsqueda de una tierra de libertad y abundancia. Los judíos de hoy todavía cuentan estos relatos como parte de su celebración de la Pascua. Por tradición, los hijos pequeños preguntan por qué comen ciertos alimentos y practican determinadas tradiciones. Las respuestas las dan en forma de historias, reflexionando sobre sucesos ocurridos hace miles de años y que han pasado de generación a generación.

Jesús enseñó mediante el relato de parábolas que hasta los más jóvenes, los menos instruidos y menos experimentados podían entender. Ahora, más de dos mil años después, todavía se cuentan esas parábolas. Las historias sobre un hijo caprichoso, plantar semillas, la búsqueda de una moneda perdida y la bondad hacia otros presentan mensajes eternos acerca del reino de Dios.

Las fábulas de Esopo, los cuentos de hadas de los hermanos Grimm y de Hans Christian Andersen no solo son memorables por sus mensajes, sino también por los personajes y sucesos interesantes.

Si una imagen vale más que mil palabras, una historia debe valer más que mil imágenes. Dedica tiempo a contar a tus descendientes la asombrosa historia de tu vida: lo que Dios ha hecho en ti y por medio de ti. Graba en ellos la importancia de contarle esta historia a las futuras generaciones de modo que nunca olviden la fidelidad de Dios.

LA HISTORIA ES UNA NARRACIÓN
ESCRITA POR EL DEDO DE DIOS.
C. S. LEWIS

Un jardín en las montañas

Después que las montañas de Alaska comienzan a despojarse de su gruesa capa blanca, la tundra florece esplendorosa. Nadie planta flores en las laderas de las montañas, pero el brote de las flores silvestres es todavía tan previsible como la misma primavera. Las azaleas alpinas, las amapolas árticas y muchas otras coloridas variedades anuncian la partida del invierno. Los días oscuros y tristes se sustituyen poco a poco por días más luminosos y cálidos.

«¿Y por qué se preocupan por la ropa? Observen cómo crecen los lirios del campo. No trabajan ni hilan; sin embargo, les digo que ni siquiera Salomón, con todo su esplendor, se vestía como uno de ellos».
Mateo 6:28-29

Para mediados del verano, los días se extienden casi hasta el amanecer. Con la nueva primavera, estos jardines de las montañas florecen a lo largo de kilómetros sin fin de inmaculados desiertos.

Cada vez que se levanta el sol, que cambian las estaciones y florecen las flores, toda la naturaleza parece anunciar:

126

«Dios es fiel». En un mundo de caos causado por el hombre, Dios es confiable, no solo en cuanto a la creación, sino también en nuestra vida personal. Recuerda que la confiabilidad de Dios es de gran ayuda, sobre todo cuando las circunstancias no se presentan como esperábamos.

Cuando el divorcio destruye los votos matrimoniales o el médico diagnostica cáncer, o la llamada telefónica nos trae noticias alarmantes, nos preguntamos a menudo si Dios se ha olvidado de nosotros. No obstante, cuando reflexionamos en los hechos pasados de nuestra vida, podemos seguirle el rastro a su fiel provisión. Así como viste los lirios del campo, Él se encarga de nuestras preocupaciones. Por lo tanto, no necesitamos estar ansiosos. Cuando surgen las dificultades, podemos orar, sabiendo que el Maestro Jardinero está siempre allí, año tras año.

Así como la primavera sigue al invierno y renueva un paisaje que parece muerto, nuestro Jehová Yiré, el Señor que provee, trae paz para calmar nuestro agitado corazón y nuevo gozo con la bendición de cada día.

AL ENCONTRAR A DIOS, NO NECESITAS
BUSCAR LA PAZ, PUES ÉL MISMO ES TU PAZ.
FRANCES J. ROBERTS

La belleza de la disciplina

El antiguo arte chino llamado *bonsái* ha existido como una forma de arte hortícola por casi dos mil años. El significado literal de la palabra *bonsái* es, tanto en chino como en japonés, «árbol en una maceta». Practicado en todo el mundo, el bonsái es un arte sublime en el que la forma, la armonía, la proporción y la escala se equilibran con sumo cuidado y la mano humana trabaja en una causa común con la naturaleza.

Un árbol plantado en una maceta no es un bonsái hasta que se poda, da forma y prepara para que tenga la forma deseada. Los bonsái se quedan pequeños debido al cuidadoso control de las condiciones de crecimiento de la planta. Solo se permiten que queden las ramas que son importantes para el diseño general del bonsái, mientras que se podan las que producen un crecimiento indeseado. Las raíces del bonsái se confinan a una maceta y se cortan cada cierto tiempo.

Dichoso aquel a quien tú, Señor, corriges; aquel a quien instruyes en tu ley.

Salmo 94:12

128

La forma de estos árboles es como la encontramos siempre en la naturaleza. Se sabe que algunos bonsáis han vivido por cientos de años y se valora mucho la apariencia de vejez. El bonsái vivo cambiará a través de las estaciones y los años, requiriendo la poda y preparación durante toda su vida. Y a medida que pasa el tiempo, será cada vez más bello.

En realidad, el bonsái no sería más que un árbol común, si no fuera por la disciplina del artista. Al darle constante atención a la dirección del crecimiento, podando todo lo que es feo o innecesario, y fortaleciendo las ramas más vitales se logra una obra de arte que ofrece belleza a lo que le rodea por muchos años.

En nuestra vida, es esa misma disciplina la que hace que todo sea diferente entre una vida común y otra que aporta gozo y belleza a todo lo que la rodea. Con la Palabra de Dios como nuestra disciplina, nosotros también llegamos a ser obras de arte.

DEJA QUE DIOS TE PONGA EN LA RUEDA Y TE HAGA GIRAR MIENTRAS ÉL QUIERA... NO TE DES POR VENCIDO EN EL PROCESO.
OSWALD CHAMBERS

Estrés y serenidad

«**C**ariño», dijo la menudita empleada del supermercado con su marcado acento sureño, «todos los que conozco me dicen que están *agotados*». Luego respiró hondo, se apartó de sus ojos azules un rebelde mechón de cabello moreno y siguió despachando comestibles.

El término estrés se ha convertido en una palabra de moda para los estadounidenses, sobre todo en la última década. En algún momento de nuestra vida, todos nos sentimos dominados por horarios de locos y las tendencias perfeccionistas.

En su artículo «Confesiones de un esclavo del trabajo», el siquiatra Paul Meier escribió:

Después de despedir a la gente, subió a la montaña para orar a solas. Al anochecer, estaba allí él solo.
Mateo 14:23

Crecí con una sobredosis de la ética protestante del trabajo, era un estudiante sobresaliente que tenía un exceso de celo [...] Era un esclavo del trabajo de primera clase y me sentía muy

130

orgulloso de serlo. Pensé que eso era lo que Dios quería que fuera[26].

Tiempo después, con la ayuda de amigos, la convicción del Espíritu Santo y la enseñanza bíblica, el doctor Meier estableció sus nuevas prioridades. La primera en su lista era: «Conocer a Dios personalmente».

Él observó: «He aprendido a aceptar la vida en un mundo imperfecto. Cada necesidad no es un llamado a que participe. He aprendido a confiar en Dios en lugar de que sea yo el que salve al mundo. De todas formas, Él puede hacer un trabajo mucho mejor».

Jesús también se tuvo que sentir agotado por las demandas que las personas ponían encima de Él. Cuando se apartaba para orar en solitaria quietud, nos dejó un importante ejemplo para que lo sigamos... cada día.

DIOS ES UN SER TRANQUILO Y MORA EN ETERNA SERENIDAD. ASÍ QUE DEBES DEJAR QUE TU ESPÍRITU SE CONVIERTA EN UN TRANQUILO, CLARO Y PEQUEÑO ESTANQUE, EN EL QUE SE REFLEJE LA SERENA LUZ DE DIOS.

GERHARD TERSTEEGEN

La tierra fértil

Un empleado se acercó a su empleador y le dijo: «Tengo diez años de experiencia en este trabajo y todavía tengo el mismo salario que tenía cuando empecé. Ya es hora de un aumento».

Su jefe replicó: «Tú no tienes diez años de experiencia. ¡Tú tienes una experiencia de diez años!».

Muchos de nosotros sentimos que nuestra vida se podría describir de la misma manera: una experiencia repetida una y otra vez, o en el mejor de los casos, unas pocas experiencias bien aburridas. Cuando ese es el patrón de nuestra existencia, no solo nos deprimimos, sino que tampoco crecemos. Al igual que un jardín necesita fertilizantes y nutrientes para enriquecer su tierra, nosotros necesitamos el enriquecimiento de actividades y experiencias que ensanchen nuestra vida y estimulen nuestra alma.

¡Había estado plantada en tierra fértil junto a aguas abundantes, para echar retoños y dar frutos, y convertirse en una hermosa vid!
EZEQUIEL 17:8

Joseph Campbell dijo una vez: «Creo que las personas no buscan tanto el significado de la vida como la experiencia de estar vivos».

¿Cómo podemos entonces enriquecer nuestra vida? Debemos ser resueltos. No pienses que otra persona puede hacerlo por ti. Hay muchísimas maneras de empezar:

- Practica un deporte que siempre deseaste jugar.
- Ve con tu esposa o un amigo a cenar fuera de casa y al entretenimiento que escojas.
- Planea un viaje para ver algo o alguien interesante.
- Bríndate a hacer una tarea que ayudará a los menos afortunados.
- Visita a un amigo que hace tiempo que no ves.
- Toma parte activa en un lugar de adoración que te rete.

¡Participa! ¡Aprende! ¡Canta! ¡Alaba! ¡Escucha! ¡Da! ¡Habla con Dios! En tales experiencias, encontrarás la Fuente de todas las emociones que puedes controlar.

LA EXPERIENCIA ES LA MADRE DE LA
VERDAD; Y MEDIANTE LA EXPERIENCIA
APRENDEMOS SABIDURÍA.
WILLIAM SHIPPEN, HIJO

Paisajes

El entorno de un hogar es casi siempre muy personal y refleja el gusto individual de los propietarios. Hacer que el exterior refleje al propietario es un talento singular que tienen en común los arquitectos paisajistas y los aficionados a la jardinería. Admiran tanto su trabajo que los amigos y vecinos van hasta allí, toman fotos y tratan de copiar lo que crearon esos talentosos artistas del paisajismo.

El paisajismo es sin duda un arte, pero también es mucho más. Esos lugares tan singulares y atractivos dicen algo sobre el propietario. Expresan sus preferencias, permiten conocer lo que él aprecia y que es digno de todos los esfuerzos para crearlo.

Mis queridos hermanos, manténganse firmes e inconmovibles, progresando siempre en la obra del Señor, conscientes de que su trabajo en el Señor no es en vano.
1 Corintios 15:58

La mayoría de los jardineros te dirán que aunque les gusta mucho la jardinería, es todavía trabajo. Involucra la inversión de dinero, tiempo y mucho trabajo para crear los resultados deseados. Durante uno o dos años, un jardín bien cuidado requiere tanta atención y dedicación como un nuevo bebé. No obstante, si estás dispuesto a seguir las direcciones, invertir en los materiales necesarios, nutrir y regar las plantas del jardín y arrancar las hierbas malas, puedes esperar un precioso jardín. Hace falta preparación y dedicación... y muchísimo trabajo duro.

La manera en que vivimos nuestra vida física también expresa lo que somos y apreciamos. Se requiere preparación, nutrición de la Palabra y constante atención a las malas hierbas de nuestra vida diaria a fin de crear un bello y satisfactorio paisaje espiritual.

UNA ESPINA DE EXPERIENCIA VALE MÁS QUE TODO UN DESIERTO DE ADVERTENCIA.
James Russell Lowell

En busca del «hogar» apropiado

Un botánico, expatriado debido a problemas políticos, aceptó un trabajo como jardinero en el país que le dio asilo con el fin de sostener a su familia. Su empleador recibió una planta singular y única e un amigo. La planta no traía instrucciones para su cuidado y atención, así que el hombre la puso en uno de sus invernaderos, pensando que allí le iría bien.

A los pocos días se dio cuenta de que la planta moría. Llamó a su nuevo jardinero, el botánico, y le preguntó si tenía alguna idea que le pudiera ayudar a salvar la planta. El botánico enseguida reconoció que esa planta era una variedad de la región ártica que necesita clima frío a fin de sobrevivir. La sacó afuera al aire frío del invierno y preparó la tierra con el fin de que la planta se fuera aclimatando poco a poco a su nuevo hogar. Muy pronto la planta pasó de la pérdida de su vigor a cobrar vida.

Los que esperan en el Señor renovarán sus fuerzas.
Isaías 40:31, lbla

Al no estar acostumbrada al clima del invernadero, la plantita debió sentir que la humedad se le escapaba de sus diminutas venas. La lucha por sostenerse y mostrar sus cualidades de una valiosa planta sucumbió bajo la pesada carga. La planta empezó a marchitarse y llegó a ser solo una sombra de su belleza original.

Cuando el botánico rescató la planta y la colocó en un ambiente adecuado para sus necesidades propias, sus inclinadas ramas se impregnaron de los nutrientes y experimentó la renovación. Al igual que esa rara planta, nosotros podemos perder nuestra fortaleza espiritual si vivimos en un ambiente perjudicial. Busca la ayuda de Dios para encontrar la atmósfera adecuada para una vida gozosa y productiva.

LOS ROSALES ESPIRITUALES NO SON COMO LOS ROSALES NATURALES; CON ESTOS ÚLTIMOS SE QUEDAN LAS ESPINAS, PERO MUEREN LAS ROSAS, CON LOS PRIMEROS MUEREN LAS ESPINAS Y SE QUEDAN LAS ROSAS.

SAN FRANCISCO DE SALES

Probados por fuego

A muchos jardines los bordean árboles de hoja perenne, algunos son grandes y otros pequeños. Hay una especie de pino alto y majestuoso que se encuentra sobre todo en las montañas del oeste de los Estados Unidos. Visto por lo general en el famoso Parque Nacional Yellowstone, la dura madera de ese pino es muy apreciada para hacer traviesas de ferrocarril y postes. Sus fragantes hojas en forma de aguja crecen en manojos y producen un fruto, la piña, que tarda dos años en madurar.

Un detalle interesante de esta clase de pino es su respuesta al fuego. Cuando las llamas atacan al árbol, el calor hace que las piñas exploten. Las semillas entonces se dispersan y tiene lugar una repoblación forestal natural. Vuelven a crecer nuevos pinos y con el tiempo un nuevo bosque sustituye al que quedó destruido por el fuego.

Él me dijo: «Te basta con mi gracia, pues mi poder se perfecciona en la debilidad».
2 Corintios 12:9

Durante las pruebas de la vida, también se pone a prueba el fruto de nuestra vida. Nuestra madurez espiritual se revela por la manera en que respondemos. ¿Vemos la mano de Dios obrando en nosotros, aun cuando nuestro corazón esté abrasado por el dolor y la tristeza? ¿Hemos llegado a estar íntimamente familiarizados con nuestro Salvador de modo que sabemos que Él lo usará de alguna manera para nuestro bien?

Cuando un niño se encontraba cerca de la muerte, los amigos se reunieron en el hospital para orar con los padres. Otra madre, llorando aún la pérdida de su propio hijo, observaba al grupo en oración. Poco después recibió a Cristo como su Salvador y Señor como resultado del testimonio de la familia. Ambas madres tenían en común una terrible pérdida; pero ahora las dos tenían también la brillante esperanza de que un día verían de nuevo a sus hijos en el cielo.

Después de soportar el fuego de la adversidad, a menudo sabemos que otros nos han estado observando con poderosos resultados. Al confiar en Él, nuestras almas abrasadas explotan en nueva vida y dan fruto para su gloria.

NO ES NUESTRA CONFIANZA LA QUE NOS GUARDA, SINO EL DIOS EN EL QUE CONFIAMOS ES EL QUE NOS GUARDA.

OSWALD CHAMBERS

La rosa y la espina

Hubo un hombre muy cauteloso
Que nunca reía ni jugaba;
Nunca se arriesgaba, jamás probaba,
Jamás cantaba ni oraba.
Y cuando un día murió,
Su seguro se denegó;
Pues como él jamás vivió en verdad,
¡Ellos decían que nunca murió![27]

ANÓNIMO

Samuel creció, y el SEÑOR estaba con él; no dejó sin cumplimiento ninguna de sus palabras.

1 SAMUEL 3:19, LBLA

El progreso a través de la vida es muy arriesgado, y todos tenemos que enfrentarlo en un momento o en otro. Con el fin de aprender a andar, los niños tienen que arriesgarse a caídas dolorosas una y otra vez. Los adolescentes con su primera licencia de manejar, se enfrentan enseguida al tiempo

140

más peligroso de su carrera como conductores. Las parejas que pronuncian sus votos matrimoniales deben enfrentarse a la posibilidad de que esa misma unión que esperan les traiga el mayor gozo de la vida pueda también traerles el mayor sufrimiento. Y los empresarios que tratan de iniciar y ampliar sus negocios saben que ese empeño puede traerles una pérdida importante.

Por lo tanto, si hay tantas posibilidades de dolor en nuestros intentos de crecer y triunfar en nuestra vida, ¿por qué siquiera lo intentamos?

Una de las razones es porque Dios nos ha bendecido con un impulso interno que nos lleva a procurar mejorar nuestra vida. Para parafrasear a Anais Nin: *Llega el día en el que permanecer encerrado en un capullo es más doloroso que el riesgo que implica florecer.* Y sabemos que no podemos recoger nuestras bellas rosas sin la posibilidad de que nos pinchen las espinas.

Sin embargo, cuando la posibilidad de enfrentar esas espinas parece ser muy aguda y dolorosa, recuerda que mientras Dios te insta a buscar las nuevas rosas, puedes descansar en su fortaleza y dirección para ayudarte a encontrar el camino a través de las espinas.

MIENTRAS MÁS DÉBILES NOS SENTIMOS, MÁS NOS APOYAMOS EN DIOS. Y MIENTRAS MÁS NOS APOYAMOS EN ÉL, MÁS FUERTES CRECEMOS.
JONI EARECKSON TADA

«¡La rosa y la espina»

«¡**N**o! ¡No! ¡No! De esa manera no», les gritó el entrenador al observar la forma en que parecía que todo el equipo corría tras la pelota y luego se la disputaban entre sí. Mientras que todos los jardineros y la mitad de los jugadores del cuadro luchaban por la pelota, el bateador corría de una base a la otra y al final atravesaba la meta.

El siguiente bateador se paró en la caja de bateo y enseguida la bateó hacia el jardín central. De inmediato, los cuatro jardineros gritaron: «¡La tengo!», y la persecución de la pelota comenzó de nuevo. Parecía la repetición de la escena anterior.

De nuevo el entrenador les gritó: «¡Somos del mismo equipo, chicos! ¡Todos somos del mismo equipo! ¡No peleen por la pelota!».

Aunque casi siempre parecía un caos, los chicos y chicas aprendían las bases

> *Ninguna disciplina, en el momento de recibirla, parece agradable […] sin embargo, después produce una cosecha de justicia y paz para quienes han sido entrenados por ella.*
> HEBREOS 12:11

del béisbol y el trabajo en equipo. Para finales del año, habían progresado. Las peleas por la pelota eran pocas y distantes, y los jugadores aprendían a estar en su posición para esperar su lanzamiento. Es más, a veces hicieron buenas jugadas.

¿Cómo sucedió esto? Ocurría a medida que el entrenador aplicaba la disciplina y les instaba a seguir las reglas durante las prácticas. A veces, los jugadores se sentían ofendidos y heridos cuando no les dejaban participar a causa de su mal comportamiento u olvido de las reglas. No obstante, poco a poco se convirtieron en mejores jugadores.

El camino cristiano también requiere disciplina si queremos progresar de hijos indisciplinados a siervos exitosos. Hannah Whitall Smith lo dice de una forma bella: «Examina tu disciplina a medida que los carros de Dios llevan tu alma a los lugares altos de los logros espirituales»[28].

DIOS, QUE AMA DE VERDAD,
DISCIPLINARÁ COMO ES DEBIDO.
ANÓNIMO

143

Los primeros frutos

La jardinería nos abre las puertas para aprender y produce una plataforma para enseñar a los que nos rodean sobre la gran provisión de Dios. La adecuada valoración de los elementos necesarios para la jardinería abre nuestros ojos a la creatividad de Dios. La planificación del terreno nos ayuda a buscar y aceptar la voluntad de Dios para nuestra vida. El cultivo de la tierra y el esfuerzo para plantar y cuidar el jardín nos enseña la responsabilidad y la mayordomía. El deshierbe es un recordatorio de la batalla espiritual que enfrentamos cada día. La espera por la cosecha produce paciencia.

Por último, pero no menos importante, la recogida de la cosecha nos anima a ser agradecidos, y al compartirla bendecimos a otros y honramos a Dios.

> *Celebra también la fiesta de la cosecha, de los primeros frutos de lo que sembraste en el campo.*
> ÉXODO 23:16, DHH

A través de la historia, al pueblo de Dios se le enseñó a dar los primeros frutos de sus cosechas como una ofrenda de acción de gracias a Dios. En algunas culturas, una cosecha abundante es causa de gran celebración. En los Estados Unidos, la tradición del Día de Acción de Gracias se basa en compartir la cosecha con otros y darle gracias a Dios por sus ricas bendiciones.

A veces la mejor manera de darle a Dios nuestros primeros frutos es dar de nuestra abundancia a los que están en necesidad. Ya sea con alimento o dinero, tiempo o amor, podemos dar de lo que se nos ha dado a nosotros. Si lo hacemos con alegría y generosidad, sin condiciones, dar de los primeros frutos de nuestras labores nos trae una gran recompensa.

Dios derrama sus bendiciones sobre nosotros, y así empieza de nuevo el ciclo de dar gracias y compartir con los demás de la abundancia.

En todo lo que el Señor nos da podemos aprender principios para aplicarlos en nuestro andar con Él si permitimos que las lecciones se hagan parte del don de Dios para nosotros.

EL SEÑOR NOS DA SUS BENDICIONES CUANDO ENCUENTRA EL VASO VACÍO.
TOMÁS DE KEMPIS

El plan de Dios

Thomas Edison, que quizá fuera el más genial inventor de la historia, dijo una vez: «Nunca trabajé un día en mi vida. Todo fue diversión». Cambió la vida de millones con los inventos de la bombilla eléctrica y el fonógrafo. Ayudó a perfeccionar la película cinematográfica, el teléfono y el generador eléctrico. Edison patentó más de mil cien inventos en sesenta años.

¿Cuál fue el secreto de su éxito? Lo definió como «uno por ciento de inspiración y noventa y nueve por ciento de sudor». Quizá la más importante contribución de Edison a la sociedad moderna fue su actitud hacia el trabajo.

¿Has pensado alguna vez en que Dios trabajó? Después de terminar su obra de la creación en seis días, descansó en el séptimo día. Algunas personas piensan que el trabajo fue un castigo impuesto a los seres humanos después del pecado de Adán. Sin embargo, el trabajo fue parte de la vida de Adán desde el mismo principio.

Dios el SEÑOR tomó al hombre y lo puso en el jardín del Edén para que lo cultivara y lo cuidara.
GÉNESIS 2:15

Dios creó a Adán a su imagen y semejanza, y lo puso en el jardín del Edén para que cultivara su creación.

El trabajo tiene su recompensa y la pereza sus consecuencias. La hormiga es una buena trabajadora. Recoge con diligencia alimento para el invierno sin que nadie se lo ordene. Asimismo se espera que nosotros nos pongamos a trabajar y hagamos lo mejor. Pablo nos recuerda que no nos cansemos de hacer el bien. Puede que el trabajo no sea siempre divertido, pero es esencial y nos da un sentido de realización como ninguna otra cosa puede proporcionar.

> Ahora me despierto para irme a trabajar,
> Te pido, Señor, que no lo vaya a esquivar,
> Y en caso de que tuvieras que venir esta noche,
> Oro que encuentres bien hecho mi deber.

LO QUE DIOS QUIERE ES NUESTRO MEJOR ESFUERZO, NO LAS SOBRAS DE NUESTRO AGOTAMIENTO. PIENSO QUE ÉL DEBE PREFERIR CALIDAD ANTES QUE CANTIDAD.
GEORGE MACDONALD

Estaciones

En una cena en que se honraba a Albert Einstein, un estudiante le preguntó al gran científico: «¿Cuál es en realidad su profesión?».

El señor Einstein le dijo: «Me dedico al estudio de la física».

Entonces el estudiante exclamó: «¿Quiere decir que todavía anda estudiando física? Yo terminé mis estudios el año pasado»[29].

Una de las tentaciones más comunes de la vida es dividirla en estaciones y luego pensar de cada una de ellas como un fin en sí misma. Los estudiantes quizá piensen que el diploma del instituto sea la meta y no lo relacionen con lo que quieren hacer en su vida. Tal vez los graduados consigan los trabajos que deseaban y nunca consideren que podrían haber otras tareas en su futuro.

¿Cuán a menudo vemos a un joven y a una joven comprometerse en matrimonio, entonces

> *¡Siembren para ustedes justicia! ¡Cosechen el fruto del amor, y pónganse a labrar el barbecho! ¡Ya es tiempo de buscar al Señor!, hasta que él venga y les envíe lluvias de justicia.*
>
> Oseas 10:12

148

gastarse miles de dólares y emplear cientos de horas preparándose para la boda, con poca o ninguna preparación para los años de matrimonio que tienen por delante? O quizá la pareja espere con ansias el nacimiento de un hijo, sin planes para ser buenos padres.

El Jardín de la Vida es un ciclo continuo de estaciones y años. Los que parecen recoger las mejores cosechas son los que miran hacia atrás y hacia delante. Miran al pasado para espigar entre sus experiencias las cosas que les pueden ayudar a resolver los retos del presente. Miran hacia el futuro para decidir qué semillas deberían plantar hoy para alcanzar sus metas en el futuro.

Dios está presente en cada segmento de nuestra vida, persuadiéndonos para que aprendamos tanto de nuestras experiencias como de nuestras metas, a fin de que nuestro jardín alcance todo su potencial.

SI BIEN DIOS ESTÁ PRESENTE EN TODAS PARTES, AUN ASÍ ESTÁ PRESENTE PARA TI EN LA PARTE MÁS PROFUNDA Y CENTRAL DEL ALMA.
WILLIAM LAW

Un ramo mezclado de bendiciones

Hace varios años, Dale Bedford entró en el torneo de kárate con la meta de recibir su cinturón marrón. Sin embargo, el golpe que un oponente le dio en la cabeza cambió la dirección de su vida.

Al principio, su trauma cerebral lo consideraron de menor importancia, pero al parecer el golpe alteró su memoria. Como un rosal podado por completo hasta el mismo tronco, Dale se vio forzado a empezar de nuevo. Su nivel de habilidad regresó al de un niño de cuatro años de edad. Sus conocimientos de matemáticas e ingeniería desaparecieron, así como sus esperanzas de convertirse en un ingeniero de la televisión por cable.

Lo que sí floreció fue su talento artístico. El joven al que le gustaba dibujar chicas y animales en el instituto y no se consideraba «bueno» en lo particular, ahora se sostenía a sí mismo pintando cuadros y ganando hasta dos mil dólares con cada uno de ellos. Mientras se encontraba en terapia

Toda rama que da fruto la poda para que dé más fruto todavía.
Juan 15:2

en un centro de rehabilitación, le pidieron a Dale que organizara su propia exhibición de pinturas.

El doctor Eugene George, profesor de neurocirugía del Centro Médico de la Universidad Sur de Texas, ha tratado a cientos de pacientes con daños cerebrales. Él dice que no es extraño que alguien con daños cerebrales desarrolle nuevos talentos. «Hay por lo general compensaciones que ocurren con el aprendizaje, y las personas con daños cerebrales siempre tienden a reevaluar lo que hacen con su vida», dijo el doctor George.

Para Dale, el incidente cambió el curso de su vida. Como un rosal podado, hizo más que compensarse. Con el cuidado y la preparación convenientes, y mediante el toque del Maestro Jardinero, un rosal podado puede producir rosas más bellas y hermosas que nunca antes.

Solo pregúntale a Dale Bedford[30].

TODA LA NATURALEZA, TODO LO QUE
CRECE, TODA LA PAZ, TODO LO QUE
FLORECE Y ES BELLO PARA EL MUNDO
DEPENDE DE LA PACIENCIA, REQUIERE
TIEMPO, SILENCIO, CONFIANZA.
HERMAN HESSE

Joven para siempre

El general Douglas MacArthur dijo una vez:
No importa los años que tengas, en el corazón de cada
ser humano está presente el amor a lo asombroso, el reto
denodado de los hechos, la curiosidad inagotable del
niño por lo que viene a continuación y el gozo y juego de
la vida. Tú eres tan joven como tu fe, tan viejo como tus
dudas; tan joven como tu confianza en ti mismo, tan viejo
como tus temores; tan joven como tu esperanza, tan viejo
como tu desesperación. En el centro de cada corazón hay
un cuarto de grabaciones; serás joven mientras recibas
mensajes de belleza, alegría y ánimo.

Serás un buen servidor de Cristo Jesús, nutrido con las verdades de la fe y de la buena enseñanza.
1 TIMOTEO 4:6

Nunca somos demasiado viejos para aprender y para ser usados para el bien. Nunca somos demasiado viejos para sentir sobrecogimiento por algo bello ni para sentir sed de conocimiento. La vida gozosa no conoce límites de edad, y llenar nuestra mente con las delicias de la vida de alguna manera nos mantiene jóvenes para siempre. Nuestra edad no se mide en verdad por características físicas ni debilidades, sino por nuestro espíritu. Somos siempre valiosos para nuestro Señor. Si estamos dispuestos a aprender nuevas cosas, desarrollar nuevas habilidades y renovar nuestro espíritu con el alimento que encontramos en su Palabra, podemos crecer siempre, sin importar nuestra edad.

En realidad, el proceso de crecimiento nunca cesa, ni siquiera cuando decimos que ya no queremos aprender más. Algo en nosotros siempre está absorbiendo algo. Nuestra decisión está en si permitimos que lo que aprendimos nos ayude a crecer o no.

NO TEMAS CRECER CON LENTITUD,
SOLO TEME A ESTANCARTE.
Proverbio Chino

153

¿La misma cosa?

A lo largo de la Vía Dolorosa en Jerusalén hay tiendas con los vendedores ofreciendo sus mercancías. Hace siglos, cuando Jesús iba hacia el Calvario, caminó penosamente por ese sendero, llamado de manera notable el Camino del Sufrimiento.

¿Fue ese día como cualquier otro? ¿Era todo la misma cosa? Los agricultores traían sus jugosos frutos y las mayores verduras que vieras jamás; los animales colgaban, ya sin piel, listos para el carnicero. Ruido y gritos por todas partes; los buscadores de gangas negociando los precios. Niños de ojos y cabello negros jugando ruidosamente en las angostas calles. Los soldados romanos corriendo tras hebreos en túnicas negras. «Otra crucifixión», gruñía una mujer mientras compraba una baratija.

No está aquí, pues ha resucitado, tal como dijo.
MATEO 28:6

¿Estaba la gente tan ocupaba para siquiera mirar a Jesús mientras hacía ese solitario recorrido por los ásperos adoquines?

En medio del ruido, la congestión y la apremiante multitud, uno puede anhelar la quietud y la paz del Jardín de la Tumba, donde se cree que sepultaron a Jesús después de la crucifixión. Entre la belleza, la serenidad, de los árboles y de las plantas floreciendo, hay un silencio santo en este lugar sagrado.

> *Sé que Él viviendo está*
> *Porque vive en mi corazón*[31].

Desde la Vía Dolorosa hasta el Jardín de la Tumba, hasta vivir en nuestros corazones, Cristo viene a nosotros en victoria sobre la muerte, sobre el pecado, sobre los obstáculos de cada vida. No hay nada en su vida, muerte y resurrección que sea «la misma cosa». Debido a que Él resucitó, el mundo cambió para siempre.

NUESTRO SEÑOR NO SOLO HA ESCRITO
LA PROMESA DE LA RESURRECCIÓN EN
LIBROS, SINO EN CADA HOJA
DE LA PRIMAVERA.
Martín Lutero

Pensemos las cosas con detenimiento

Uno de los pintores estadounidenses contemporáneos más populares, Andrew Wyeth, pinta la vida rural de Pensilvania y Maine con tanta meticulosidad y naturalidad que a veces parece surrealista. Su hermano Nat cuenta una anécdota que nos dice mucho sobre la fuente de la intensidad de Wyeth:

Andy pintó un cuadro de los alojamientos de Lafayette cerca de Chadds Ford, Pensilvania, con un sicómoro en la parte de atrás del edificio. Cuando vi la pintura por primera vez, no la había terminado todavía. Me mostró muchos dibujos del tronco y las nudosas raíces del sicómoro, y pregunté: «¿Dónde está todo esto en la pintura?».

«No está en el cuadro, Nat», respondió él. «Para conseguir lo que quiero en la parte del árbol que se ve, tengo que conocer con detenimiento cómo está anclado en la parte de atrás de la casa[32].

Visitas la tierra, y la riegas; en gran manera la enriqueces; con el río de Dios, lleno de aguas, preparas el grano de ellos, cuando así la dispones.

SALMO 65:9, RV-60

El acto de pensar en las cosas con detenimiento es importante para toda tarea en nuestra vida. Por ejemplo, no podemos pasar por alto la importancia de la buena preparación cuando planeamos nuestro jardín o corremos el riesgo de dañar las plantas con una tierra pobre o les impedimos crecer con libertad al ponerlas demasiado cerca unas de otras.

El legendario Bernard Baruch, de Wall Street, hizo hincapié en esta verdad al decir: «Todos los fracasos que he tenido, todos los errores cometidos, todas las necedades que he visto en la vida privada y pública han sido la consecuencia de acciones impensadas».

Es un gozo comunicarse con Dios y pedirle su consejo al planear nuestras actividades diarias. Cuando tengas una tarea importante que analizar, dedica el tiempo para preguntarle: «Señor, ¿cuál es tu voluntad?». Él se alegrará en ayudarnos.

CUATRO PASOS PARA EL ÉXITO: PLANEA CON DETERMINACIÓN, PREPARA CON ORACIÓN, PROCEDE POSITIVAMENTE, BÚSCALO CON PERSISTENCIA.

William Arthur Ward

Compartamos la abundancia

Un agricultor cuyos graneros estaban llenos de maíz acostumbraba a orar que los pobres fueran alimentados, pero cuando algún necesitado le pedía maíz le decía que no tenía nada de reserva. Un día después de oír a su padre orar por los necesitados, su pequeño hijo dijo:

—Papá, me gustaría tener tu maíz.

—¿Y que harías con él? —le preguntó el padre.

—Respondería tus oraciones —le contestó el hijo[33].

Otro niño debe haber sentido lo mismo. Apoyado por la comunidad en el Día para Distinguirse, Jessica Burris de doce años; Jeffrey, su hermano de diecisiete años; y Corey Woodward, su amigo de once años, recogieron cuatro mil quinientos pares de calcetines y cientos de otras prendas de vestir, zapatos, colchas, libros y artículos de tocador para personas que buscaban ayuda en una clínica médica gratuita.

El que es generoso será bendecido, pues comparte su comida con los pobres.

Proverbios 22:9

Otros también se distinguieron. Doce miembros del grupo de

Hombres Unidos de Hollandale, de la zona agrícola del delta del río Misisipí decidieron ayudar respondiendo algunas oraciones. En esta zona, noventa y dos por ciento de las personas viven en la pobreza, la mayoría de los trabajos y las tiendas están entre veinticuatro a treinta y dos kilómetros de distancia, y no hay transportación pública. Estos hombres les dieron servicio gratuito a los autos de las mujeres solas o ancianas cortas de dinero.

¿Y qué me dices de Lynda Duncan? Organizó quinientos voluntarios en diez estados. Juntos reunieron cuatro mil doscientos cuarenta y seis dólares con setenta y ocho centavos y recogieron cajas de alimentos, ropas, zapatos y juguetes para unas trescientas familias necesitadas. Los Duncan dieron mil doscientos dólares suyos y enviaron cuatro camiones grandes con mercancías para que se distribuyeran a las familias de la empobrecida región de Appalachia[34].

Nosotros somos bendecidos, no es que estemos para derribar nuestros graneros y construir otros mayores a fin de almacenar nuestros bienes, pero sí lo suficiente para bendecir a otros con la abundancia de nuestros corazones y vidas.

LA VIDA NO ESTÁ HECHA DE GRANDES SACRIFICIOS NI DEBERES, SINO DE COSAS PEQUEÑAS, EN LAS QUE LAS SONRISAS, LA BONDAD Y LAS PEQUEÑAS OBLIGACIONES GANAN Y PRESERVAN EL CORAZÓN.
HUMPHREY DAVY

Fruto de justicia

El papel que desempeñan los lugares de quietud en la Biblia es muy importante, sobre todo en el campo de la fe. Cristo estuvo solo durante gran parte de su vida en la tierra. A menudo le gustaba apartarse de las multitudes para la tranquila reflexión. Moisés iba solo a la montaña para hablar con Dios. Mientras que estaba allí, recibió los Diez Mandamientos, uno de los pilares de nuestra fe. Daniel se arriesgaba a morir tres veces al día, cuando dejaba sus labores y oraba.

El Espíritu Santo a menudo nos habla cuando estamos solos. Los lugares de quietud producen paz y contentamiento. El ruido engendra confusión. El orden se recupera muchas veces en el silencio.

El fruto de la justicia se siembra en paz para los que hacen la paz.
SANTIAGO 3:18

Los restaurantes y otros lugares públicos están tan congestionados y ruidosos que hace que algunos se sientan incómodos de sentarse allí. Nuestra cultura se ha hecho tan ruidosa con la tecnología, la industria, el entretenimiento y la transportación que rara vez encontramos tiempo y lugar para la quietud. No obstante, puede que estemos anhelando los momentos para pensar, estar en quietud y escuchar a Dios. Encontrar el tiempo, en realidad, *hacer tiempo*, para momentos de quietud es con frecuencia un tremendo reto.

Si el fruto de justicia se siembra en paz, los momentos de quietud cuando solo nos sentamos, escuchamos y esperamos que el Señor nos hable deben producir lo que es esencial para el crecimiento espiritual. La búsqueda de momentos de quietud para la reflexión nos ayuda a tener comunión con Dios. Como resultado, su justicia pasa sobre nosotros y empezamos a adquirir algunas de sus características.

El Señor tiene tiempo para pasar con nosotros y está listo para que su Espíritu crezca en nosotros. Es nuestra decisión hacer la cita.

TODOS NECESITAMOS UN LUGAR
SECRETO DONDE LA MENTE PUEDA
DESCANSAR Y EL ALMA PUEDA SANAR.

CHERIE RAYBURN

¡No te des por vencido!

Con el primer indicio de la primavera, los ávidos hortelanos corren al exterior, sus brazos cargados con paquetes de semillas. Luego julio destroza su entusiasmo con un martillo de treinta y ocho grados de temperatura. No obstante, a pesar del calor, los interminables ramilletes de petunias necesitan atención, y hay que arrancar las hierbas por el huerto.

En agosto encontramos a los hortelanos trabajando largas horas en la cocina caliente, envasando tomates y horneando panes de calabacín. Cuando los primeros fríos golpean en octubre, se dan prisa para sacar el resto de las patatas y cubriendo las zanahorias.

Para diciembre, el huerto descansa bajo una frazada de nieve. Abrigados y cómodos dentro de sus casas, los hortelanos contemplan el exterior a través de la ventana de la cocina cubierta de escarcha. Suspiros de contento dejan escapar

No nos cansemos de hacer el bien, porque a su debido tiempo cosecharemos si no nos damos por vencidos.
GÁLATAS 6:9

sus labios mientras el placer por los resultados penetra en sus almas.

El camino cristiano es semejante a cultivar un huerto. En la primavera de nuestra fe, nuestro corazón late acelerado con planes para salvar el mundo. El verano trae el descubrimiento de que nuestra fe requiere trabajo duro. Vemos la necesidad de pasar largas horas con la Palabra de Dios a fin de combatir imprecisiones en nuestra teología.

Cuando llegamos al paso lento del otoño en nuestro huerto de fe, todavía trabajamos, pero también empezamos a cosechar los frutos. Llega diciembre, miramos a través de la ventana de nuestra alma con contentamiento y un amor más maduro por Cristo. Al exhalar un suave suspiro de un corazón agradecido, recordamos el gozo de trabajar con Dios en su huerto espiritual planeado a la perfección.

CADA MOMENTO DEL AÑO TIENE SU BELLEZA... UN CUADRO QUE NUNCA ANTES HEMOS VISTO Y QUE JAMÁS VEREMOS DE NUEVO.
RALPH WALDO EMERSON

El árbol de la preocupación

Había un hombre que, al final de cada día de trabajo, visitaba un viejo árbol en el jardín enfrente de su casa. Cuando pasaba junto al árbol, extendía la mano y tocaba con suavidad el tronco y las ramas.

Lo hacía con la intención de colgar mentalmente «sus problemas» en las ramas del árbol a fin de no llevarlas adentro a su esposa e hijos. Dejaba allí sus problemas con la suposición de que si eran importantes, todavía estarían allí colgando cuando saliera a la mañana siguiente. Sin embargo, muchas mañanas descubría que habían desaparecido.

Por supuesto, no siempre es fácil colgar tus problemas en el árbol de los afanes.

En su libro *Still Married, Still Sober*, David Mackenzie describe otro método práctico para recordar que podemos dejarle a Dios nuestras preocupaciones:

> *No se angustien por el mañana, el cual tendrá sus propios afanes.*
> MATEO 6:34

A fin de representar el principio de llevar a Dios nuestras oraciones, tomamos una bolsa de papel, escribimos «Dios» en ella y la pegamos con cinta adhesiva arriba en la puerta de la cocina. Al orar por asuntos como mi carrera, mi papel como padre, mi habilidad para ser un buen esposo, escribía cada preocupación en un trozo de papel. Luego echaba esos trozos de papel en la bolsa. La regla era que si empezabas a preocuparte por un asunto de oración que le dejabas a Dios, tenías que subirte a una silla y pescarlo en la bolsa. No quiero admitir cuánto tiempo pasé rebuscando entre esos trozos de papel[35].

Usar a Dios como tu «árbol de afanes» requiere práctica, pero es una habilidad que vale la pena cultivarla. Y tus esfuerzos serán recompensados con la paz de conocer que Dios está contigo, listo para manejar tu pesada carga... si solo se lo permites.

LA PREOCUPACIÓN ES COMO UNA MECEDORA. TE DA ALGO PARA HACER, PERO NO TE LLEVA A NINGUNA PARTE.
Bernard Meltzer

El valor del viernes por la noche

Era en verdad muy delgado y pequeño aun cuando estaba en la secundaria. Y para su hermano menor, era increíblemente ruidosa la forma en que Daniel respiraba cuando el asma le atacaba con toda su fuerza. Al menos una vez al mes, Roberto se despertaba en medio de la noche por el ruido de Daniel tratando de respirar. En cuanto lograba hacerlo, volvía la lucha agónica por hacerlo otra vez. En ocasiones sus padres tuvieron que llevarlo a la sala de emergencia para lograr que se aliviara.

Los médicos decían que era el clima húmedo y caliente o quizá la contaminación atmosférica de las calles de la ciudad lo que provocaba esos ataques de asma. Le aconsejaban a Daniel que procurara permanecer dentro de la casa durante los meses de verano cuando la humedad era tan elevada. Los médicos le decían que si se quedaba dentro, se libraría de los peores ataques.

> *Así que podemos decir con toda confianza: «El Señor es quien me ayuda; no temeré. ¿Qué me puede hacer un simple mortal?»*
> HEBREOS 13:6

El problema estaba en que Daniel y el grupo de jóvenes de su iglesia se habían comprometido firmemente a dirigir actividades de evangelización en las calles cada viernes por la noche, y Daniel era el que predicaba casi siempre. Estaba decidido a no perder nunca la oportunidad de cumplir con el llamamiento de su vida. Así que siguió predicando, sin importar el tiempo, y de vez en cuando tenía que luchar con el ataque de asma. Sabía el precio y decidió correr el riesgo.

Más de treinta años después, Daniel es un misionero veterano en América del Sur. Su dedicación en dar a conocer las buenas nuevas continúa siendo una inspiración para muchos. Y aún no se pierde una oportunidad para predicar. Para su hermano, la valentía de Daniel los viernes por la noche sigue siendo una fuente de ánimo, a medida que él también crece en su fe.

LA CONFIANZA SE BASA EN LA
SEGURIDAD EN DIOS, CUYOS CAMINOS
NO ENTIENDO. Y SI LO COMPRENDIERA,
NO HABRÍA NECESIDAD DE CONFIAR.
OSWALD CHAMBERS

Mejores cosas en mente

«¡Lo que tú quieres es que yo no me divierta!», gritó Juan dando un portazo al salir de la casa y pisando fuerte por el patio. No tenía ni idea de a dónde ir ni manera de liberarse de su enojo, y se sentía un poco nervioso porque pudiera estar actuando como niño.

Juan aborrecía el control que sus padres ejercían sobre él. Sus amigos hacían todo lo que querían y nadie se preocupaba por eso. Podían quedarse hasta tarde en la calle y ver las películas que quisieran, y algunos hasta salían con chicas. A los catorce años, Juan sentía que tenía derecho a los mismos privilegios. ¿Por qué sus amigos recibían ese trato especial? ¿Es que sus padres no confiaban en él?

El Señor disciplina a los que ama, como corrige un padre a su hijo querido.
PROVERBIOS 3:12

«¿Juan?» Era su papá. Por un momento, Juan se sintió tentado a pasarlo por alto, pero no se atrevió. Se dio la vuelta a regañadientes.

«¿Qué?», preguntó. Casi se le escapa la pelota que volaba hacia él, tuvo que extender enseguida los brazos y atraparla. «¡Caramba, papá!»

Sostuvo la pelota en sus manos, tentado a arrojarla a un lado. Sin embargo, allí estaba su padre, esperando con paciencia y una sonrisa en el rostro. Juan se tragó su enojo y le devolvió la pelota. Supuso que podían haber cosas peores que tener un padre que jugaba con él arrojando la pelota, un padre que quería que se mantuviera puro e hiciera lo que es bueno.

¿Cuántas veces te ves alejándote de la presencia de Dios, aferrándote a algo que Él te ha pedido que lo dejes? ¿Cuán a menudo resistes su autoridad debido a lo que hacen tus amigos? No somos tan diferentes de ese joven adolescente afanándose por su independencia. Necesitamos tener en mente que el Padre que nos corrige sabe a dónde nos dirigimos. Él quiere mantener nuestra visión despejada, a fin de conducirnos a la vida que ha reservado para nosotros. Permite que las correcciones de Dios sean la mayor afirmación de su amor y esperanza para tu vida.

DIOS DA SU IRA SEGÚN EL PESO,
PERO SU MISERICORDIA SIN MEDIDA.
Sir Thomas Fuller

La mano de Dios

Charlie Shedd, autor de más de treinta y cinco libros, habló una vez sobre un tiempo cuando sintió el toque de Dios. Cree que los ángeles se le han presentado a menudo mediante una presión, un toque, una advertencia o un impulso. Según Shedd, la Biblia usa con frecuencia la expresión «la mano de Dios» para revelar la presencia divina.

Una noche cuando Charlie entraba en su garaje a la hora de la cena, apagó el motor del auto, pero descubrió que no podía retirar la llave. «¿Qué está pasando?», preguntó en voz alta.

Una voz interna parecía decirle: *Ve a ver a Roy*. Desde el lugar en su corazón en el que Dios y él hablaban, supo que el Espíritu Santo le daba una orden. Charlie razonó diciendo: «Pero es la hora de la cena». Y la voz de Dios parecía decirle: *La cena puede esperar, Charlie*. *Ve*.

Él ordenará que su ángeles te cuiden en todos tus caminos.
SALMO 91:11

Sus pensamientos corrían sin control, pero encendió de nuevo el motor y salió. *¿Por qué?*, se preguntaba. Había visto el día antes

170

a este anciano en la iglesia y le parecía que estaba bien. La única respuesta a su pregunta fue el silencio.

Charlie se dirigió a la casa de Roy, a poco más de kilómetro y medio, donde le encontró tendido en el suelo, clamando por ayuda. Tropezó con un tocón, se le rompieron los lentes y se cortó la cara. Charlie se preguntaba cómo era posible que aquel anciano se las arreglara para llegar a su casa; se hirió a unos diez kilómetros de distancia.

Más tarde, Roy le dio las gracias por acudir a la casa, luego le preguntó:

—¿Cómo supiste que te necesitaba?

—Creo que fue un ángel, Roy —contestó Charlie.

—Tiene sentido lo que dices —respondió enseguida Roy—. Yo estaba allí en el suelo orando que vinieras.

¿Cuántas veces has escuchado la voz tranquila del Espíritu Santo instándote a responder? ¿Cuántas veces hiciste oídos sordos a sus llamados? Ora en este día a fin de que Dios abra tu corazón a sus susurros y estés dispuesto a seguir su dirección para ministrar a otros. Si prestas atención, lo escucharás en el lugar en el que tú y el Señor conversan[36].

LA VOZ DE DIOS ES AMISTOSA.
NADIE TIENE QUE TEMER ESCUCHARLA
A MENOS QUE YA HAYA TOMADO
LA DECISIÓN DE RESISTIRSE.
A. W. TOZER

Oración en silencio

El teléfono de la cocina sacó a Judit de sus pensamientos. «Estaré allí lo más pronto posible», dijo ella, al tiempo que apartaba del fuego el estofado. Colgó el teléfono deprisa y gritó: «Vamos, Tomás», llamó, «tenemos que recoger a tu hermana». Su hija esperaría afuera a una temperatura bajo cero después del ensayo del coro de la escuela.

La madre y el hijo temblaban de frío al sacar el auto del camino de entrada. La calefacción al fin empezó a arrojar aire caliente mientras doblaban una esquina y se dirigían por una calle secundaria a la escuela. Poco después divisaron un cachorro de pelo marrón y blanco que yacía inmóvil debajo de un poste del alumbrado. Las luces iluminaron al perro mientras Judit se dirigía poco a poco al animal. Al empezar a subir la cuesta miró por el espejo retrovisor.

«No sean como ellos, porque su Padre sabe lo que ustedes necesitan antes de que se lo pidan».
Mateo 6:8

«Se mueve», dijo, «Hijo, ¡el perro está vivo!» Se detuvo a un costado de la calle, saltó del auto y corrió hacia el perro. Las lágrimas llenaban sus ojos al dejar que el animal oliera su mano. «¡Ve a buscar ayuda!», gritó. «Allí... ¡en esa casa!»

Tomás corrió hacia la casa más cercana y llamó a la puerta. El hombre que abrió, temiendo que el perro lo mordiera, se negó a ayudar y cerró la puerta. Cuando su hijo le explicó lo ocurrido, ella oró para saber qué hacer ahora. Aunque su hija esperaba en la entrada de la escuela y quizá con frío, le atormentaba la idea de dejar al perro solo. Estaba demasiado indefenso.

Ninguno de los pocos autos que pasaron por la calle paró. Entonces como si Dios hubiera escuchado su oración en silencio, un vehículo deportivo negro se detuvo al verlos, del auto salió un hombre que vestía una bata verde de médico. Después de examinar al perro herido, dijo que se lo llevaría para que lo curaran. ¡Resultó que trabajaba en una clínica veterinaria de la ciudad!

Al reflexionar, Judit supo que había sentido de verdad la presencia de Dios en esa calle secundaria en una fría noche de invierno cuando apareció la persona apropiada que ella y el perro necesitaban. ¡Qué consolador es saber que Dios escucha nuestras oraciones y las responde aun antes de decir una palabra! Dios se preocupa mucho por todas sus criaturas, incluso por perros heridos.

GUÁRDATE EN TUS ORACIONES, SOBRE TODO, DE LIMITAR A DIOS, NO SOLO POR LA INCREDULIDAD, SINO POR FIGURARTE QUE SABES LO QUE ÉL PUEDE HACER.

ANDREW MURRAY

El clavo oxidado

En un rincón de la cocina, junto al enorme horno, un viejo clavo oxidado sobresalía de la pared. Parecía que llevaba allí muchos años. Cuando Cecilia, una abuela de cabello canoso, no estaba en la cocina, su delantal colgaba seguro de ese clavo. Cada vez que entraba en sus dominios, enseguida echaba mano a su usado delantal y se lo ataba alrededor de la cintura. Estaba gastado y descolorido por años de uso. Manchas de chocolate y aceite cubrían los grandes bolsillos del frente.

Cecilia tenía docenas de delantales. Algunos eran de un solo color y otros eran de estampados de colores brillantes. Muchos aún tenían la etiqueta de la tienda. Todos se veían mucho mejor que el que colgaba del viejo clavo oxidado. Cuando su nieta le preguntó por qué prefería más el viejo, le respondió que era un delantal especial porque se lo dieron con amor. Nunca explicó por qué era tan especial, pero el amor que simbolizaba era evidente.

Así como el Padre me ha amado a mí, también yo los he amado a ustedes.
JUAN 15:9

174

Hace muchos años, unos viejos clavos oxidados sujetaron a Jesucristo a la cruz. La necesidad de un sacrificio fue lo que le llevó allí. Su amor por sus hijos lo mantuvo allí. El Rey de reyes quedó reducido a un hombre abatido y golpeado al ponerle una corona de espinas sobre su cabeza. Y cuando los clavos oxidados traspasaron sus manos, lloró. Se enfocó en su amor por nosotros y en su capacidad de proveer el supremo sacrificio de amor. Se desgastó, mucho más que el viejo delantal. Las manchas de sangre cubrían todo su cuerpo cuando exclamó: «Todo se ha cumplido» (Juan 19:30).

Al tercer día, en la resurrección corporal de Jesucristo de la tumba, se lavaron las manchas. Las cicatrices que causaron los viejos clavos oxidados seguían visibles en las palmas de sus manos. Esas cicatrices representan un tipo de amor que nunca podemos comprender en su totalidad, pero el amor de Dios es evidente mientras sostiene a todos sus hijos cerca de su corazón.

EN CUANTO AL AMOR, NI SIQUIERA
MUCHÍSIMO ES SUFICIENTE.
Pierre-Augustin de Beaumarchais

Los primeros zapatos nuevos

Como seguía la Depresión, los armarios de la cocina permanecían vacíos. El dinero escaseaba. Su padre, que ya había abandonado a la familia una vez, no pudo aguantar la presión y se marchó de nuevo. Puesto que era el hermano mayor, Jerry se puso en camino para tratar de ganar algún dinero a fin de comprar alimentos para sus tres hermanos menores. El aire era muy frío y el suelo estaba helado.

Mientras Jerry caminaba, vio algunos hombres cavando un hoyo junto a la carretera. «¿Puedo ayudar?», preguntó.

«Desde luego», dijo uno de los hombres al tiempo que le daba una pala.

Jerry trabajó mucho. Durante varias horas cavó en el frío glacial de la tierra helada mientras el agua nieve caía con fuerza en el suelo. Antes de marcharse, los hombres

«El Rey les responderá: "Les aseguro que todo lo que hicieron por uno de mis hermanos, aun por el más pequeño, lo hicieron por mí».
Mateo 25:40

176

le dieron unas pocas monedas. El muchacho paró en el mercado de la esquina para comprar algunos alimentos enlatados para la cena de Navidad del día siguiente.

Al salir de la tienda, la lluvia y el agua nieve aumentaron y le caían a cántaros. Él se había puesto cartones dentro de los zapatos para reponer las desgastadas suelas, y le dio resultado hasta que el agua helada empapó sus calcetines y pies. Se sentó en el frío suelo para ajustar los cartones.

—Muchacho, ¿son esos los únicos zapatos que tienes? —le preguntó un hombre uniformado.

—Sí, señor —contestó Jerry.

—Ven conmigo —le dijo el hombre y lo llevó a una zapatería calle abajo, donde le compró su primer par de zapatos nuevos.

Las luces de la Navidad brillaban con más intensidad en la mesa de la cocina mientras la familia de Jerry disfrutaba la comida que él se ganó el día antes, abriendo una zanja con un frío glacial. El amor de Jesús, y el recuerdo de un bondadoso hombre uniformado, llenó de lágrimas los ojos de Jerry al dar gracias a Dios por cuidar de todos ellos, aun en los peores momentos.

EL AMOR SE QUEDA SIN NADA, A FIN DE QUE OTRO PUEDA TENER.
Rvdo. J. M. Gibbon

Las tormentas de la vida

En un frío día de invierno en los años de 1960, una gran tormenta de hielo azotó la zona central del estado de Georgia. Los cortes de la electricidad eran constantes en toda el área. Algunas familias tenían chimeneas y calentadores de gas, pero otras no eran tan afortunadas y tuvieron que refugiarse en las casas de los vecinos.

Una familia en particular no disponía de ninguna fuente de calor, excepto una estufa de gas en la cocina. Durante días, mientras se juntaban todos alrededor de la mesa de la cocina, el calor de la estufa los mantenía calientes.

Sabemos que Dios dispone todas las cosas para el bien de quienes lo aman, los que han sido llamados de acuerdo con su propósito.
Romanos 8:28

Podían cocinar, mientras que algunos de sus desventurados vecinos no podían. Muchos residentes cercanos traían sus latas de sopa para calentarlas en su fogón. La hospitalidad se intensificaba a medida que empezaba una larga temporada de frío intenso.

Sentados alrededor de la mesa alumbrados por una sola vela, la familia reía y contaba historias y sucesos que eran importantes para cada uno de ellos. ¡Tenían meses de no hacer algo así! Imposibilitados ahora de ver la televisión, todos ponían de su parte. Debido a esa tormenta, la familia se unió más. Durante muchos años, todos recordaron la luz de aquella vela.

A veces no nos damos cuenta de lo que nos perdemos hasta que hacemos un alto a nuestras ocupaciones. Para Dios es importante que juntos pasemos tiempo de calidad como familia. Sin embargo, no tienes que esperar una tormenta de hielo ni alguna otra crisis a fin de acercarte a tu familia.

Dios es siempre fiel para mostrarnos su bondad en cada situación. Así como el fulgor de la vela brinda luz durante la tormenta, Él ilumina nuestro camino a través de los días más oscuros y difíciles de nuestra vida.

DIOS ES TAN BUENO QUE SOLO ESPERA
A NUESTRO DESEO PARA INUNDARNOS
CON EL DON DE SU PRESENCIA.
FRANCOIS FÉNELON

La tarde y la mañana

En el libro de Génesis, cada día de la creación termina con la frase: «Y fue la tarde y fue la mañana».

Desde la perspectiva hebrea, el día empieza en la tarde, específicamente con la puesta del sol. ¡Cuán diferente es nuestra tradición occidental, donde comenzamos nuestros días al romper el alba y consideramos que la noche está al final de un largo día!

¿Qué significa que el día comience en la tarde?

Para los hebreos a través de los siglos, la transición de la tarde a la noche ha estado marcada por la oración. La oración de la tarde es una costumbre judía. Después de la oración, la familia se reúne para cenar juntos.

El día más santo de la semana, el sabat, comienza con el encendido de unas velas y una proclamación de fe, luego le sigue una cena familiar formal. Después de la comida vespertina, las familias judías tradicionalmente se juntan para leer la Palabra de Dios y analizar cómo se aplican sus leyes a sus vidas. La tarde termina en descanso.

Y fue la tarde y fue la mañana: Un día.
GÉNESIS 1:5, LBLA

Considera las prioridades que se muestran mediante su estilo de vida:

1. Se enfocan en la oración y en su relación con Dios.
2. Enfatizan la vida familiar.
3. Estudian las Escrituras a diario, haciendo la Palabra de Dios el último pensamiento del día.
4. Descansan y duermen.

¡El hebreo emprendía su trabajo solo después que hablaba con Dios, disfrutaba del amor y el compañerismo de la familia, estudiaba las Escrituras y descansaba!

¿Qué sucedería en tu vida si adoptaras esta estrategia para tus horas de la tarde? ¿No sería posible que te encontraras más renovado y descansado, con más energía y salud, más creatividad y productividad? ¿No se convertirían en realidad las prioridades que deseas para tu vida?

¿Por qué no lo intentas? Empieza tu próximo día en la tarde, y despiértate sabiendo que estás renovado por completo en espíritu, alma y cuerpo, ¡a fin de tener un día pleno y productivo!

HOY ES EL MAÑANA DEL QUE TE PREOCUPASTE AYER, Y TODO ESTÁ BIEN.

Anónimo

Guardia nocturna

Václav Havel fue presidente de la antes Checoslovaquia. En 1948, los comunistas tomaron el poder en su país y confiscaron sus tierras y propiedades familiares. Desde entonces, Havel fue parte de un atrevido movimiento clandestino que se oponía al gobierno soviético.

Cuando los sóviets entraron en Praga veinte años después, Havel se quedó para formar una coalición que se prepararía para tomar el mando en el momento oportuno. Habló con osadía y escribió con atrevimiento en contra del comunismo. Lo pusieron bajo vigilancia y al final lo encarcelaron por sus actividades.

En 1970, varios senadores de los Estados Unidos se reunieron con Havel en Checoslovaquia. Le comunicaron lo que pensaban que serían buenas noticias para él. Le dijeron que tenían el propósito de presionar al gobierno para que permitiera que los disidentes emigraran a Occidente.

Tú eres mi esperanza, oh Señor Dios.
Salmo 71:5, lbla

Havel respondió que no le interesaba marcharse a Occidente. «¿Qué bien nos haría eso?», les preguntó. «Solo quedándonos aquí y luchando aquí tenemos

182

la esperanza de cambiar las cosas». Como un vigilante en la noche, Havel permaneció de servicio en su país.

A menudo, los tiempos de prueba y lucha parecen largas y oscuras noches. Sin embargo, hacer lo que se debe, aunque sea difícil, nos da esperanza. ¿Cómo nos mantenemos vigilantes en esas largas noches cuando parece que hay poco cambio en nuestras circunstancias?

1. Ve paso a paso. No intentes llevar a cabo toda la tarea de una vez. «Los pasos del hombre los dirige el Señor» (Proverbios 20:24).

2. Mantén tus luchas en perspectiva. Separa las montañas de las toperas. «¿Qué diremos frente a esto? Si Dios está de nuestra parte, ¿quién puede estar en contra nuestra?» (Romanos 8:31).

3. Cultiva la disciplina de aplazar la gratificación. «Mas tenga la paciencia su obra completa, para que seáis perfectos y cabales, sin que os falte cosa alguna» (Santiago 1:4, rv-60).

4. Aprende a reconocer al Dios invisible en el mundo que te rodea. «Por la fe [Moisés] salió de Egipto sin tenerle miedo a la ira del rey, pues se mantuvo firme como si estuviera viendo al Invisible» (Hebreos 11:27)[37].

Al poner tu esperanza en el Señor te ayudas a hacer todas estas cosas. Te dirigirá; eliminará tus montañas; te fortalecerá y ayudará a ser paciente; y abrirá tus ojos para que veas sus obras a tu alrededor.

SI NO FUERA POR LA ESPERANZA,
SE DESTROZARÍA EL CORAZÓN.
PROVERBIO INGLÉS

Temprano a la cama

Muchos conocemos el antiguo dicho: «Irse temprano a dormir y levantarse temprano hace que el hombre sea sano, rico y sabio». Y hay numerosas referencias en la Biblia sobre el gozo y los beneficios de levantarse temprano. El salmista dijo:

Firme está, oh Dios, mi corazón;
firme está mi corazón.
Voy a cantarte salmos.
¡Despierta, alma mía!
¡Despierten, arpa y lira!
¡Haré despertar al nuevo día!

Salmos 57:7-8

Dios, Dios mío eres tú; de madrugada te buscaré.
Salmo 63:1, RV-60

La implicación clara es que el salmista tenía el hábito de levantarse temprano y cantar en la mañana. Entonces, ¿qué tiene que ver esto con nuestras horas del atardecer?

Tiene una aplicación muy práctica, pues a fin de lograr levantarnos temprano en la mañana, tenemos que irnos a la cama temprano. No hay manera de sustituir el sueño. Según las investigaciones modernas del sueño, casi todas las personas necesitan de siete a diez horas de sueño al día, y las horas que se pierden nunca se recuperan.

El factor más importante para que una persona tenga la capacidad de un buen nivel de desempeño, enfrente el estrés y tenga un sentido de satisfacción en la vida está en dormir lo suficiente. Esto influye de forma directa en nuestros estados de ánimo y emociones, nuestra habilidad para pensar con creatividad y responder con presteza, y nuestra habilidad para apoyar el ejercicio. Es tan vital para nuestra salud como la comida y la bebida.

Más buenas noticias sobre el sueño y nuestra salud es que cada hora que dormimos antes de la medianoche es dos veces más beneficiosa que las horas después de la medianoche.

Una buena noche de descanso es una de las bendiciones de Dios para tu vida. Desde el principio, parte de su plan para tu cuerpo y para tu vida es dormir lo suficiente. Cuando cultivas el hábito de irte a dormir temprano, te pones en la posición de recibir esta bendición. Descubrirás que es más fácil levantarte temprano y buscar al Señor para obtener su sabiduría y fortaleza para el día que tienes por delante.

LA NOCHE ES EL SABAT DE LA HUMANIDAD, PARA DESCANSAR EL CUERPO Y LA MENTE.
SAMUEL BUTLER

El firmamento en la noche

¿Cuándo fue la última vez que contemplaste el cielo estrellado en una noche clara? ¿Te preguntas qué sería viajar por los cielos entre las estrellas? ¿Qué hay más allá de lo que ven nuestros ojos físicos?

Jamie Buckingham describió una noche como esa en las nevadas montañas de Carolina del Norte.

Caminaba por la carretera oscura y cubierta de nieve hacia Cowee Bald. El cielo estaba despejado, mostrando millones de estrellas brillando en la clara y fría noche. El único sonido era el murmullo del agua de un riachuelo de montaña que corría paralelo a la carretera y el suave crujir de mis zapatos en la nieve. Todos los demás ruidos estaban apagados, dejándome con la impresión de que me encontraba solo en la tierra.

Los cielos cuentan la gloria de Dios, el firmamento proclama la obra de sus manos.
Salmo 19:1

Me pregunté qué hora sería, pero mirar ami reloj habría sido algo sacrílego. Los relojes, los calendarios, los automóviles y los aviones, instrumentos del tiempo y la velocidad, estaban enterrados bajo el manto natural de quietud y lentitud. Me sacudí la nieve de mis botas y parado allí en medio de la carretera, eché la cabeza hacia atrás y respiré hondo el aire con olor a pino. Almirar los cielos pude ver estrellas cuya luz había quedado allí hacía un millón de años y me di cuenta que contemplaba un borde del espacio. Más allá estaba el infinito y, rodeándolo todo, el Creador.

Me acordé de una cita del filósofo alemán Kant. Algo sobre dos evidencias irrefutables de la existencia de Dios: la ley moral dentro de nosotros y el firmamento estrellado fuera de nosotros. Pronuncié su nombre: «Dios».

Entonces, abrumado por su presencia, le llamé como he aprendido a llamarle a través de la experiencia: «¡Padre!»[38].

Esta noche, contempla las estrellas en los cielos. Encontrarás allí un destello de eternidad. Qué grandioso pensamiento: *¡El Creador del universo me invita a tener una relación personal con Él!*

LA CONTEMPLACIÓN ES COMO DORMIR
EN LOS BRAZOS DE DIOS
BERNARDO DE CLARAVAL

Alabanza vespertina

El *Libro de la Oración Común* tiene un servicio de oración vespertina que incluye un antiguo himno llamado «Phos hilaraon» o «Luz de gracia»:

¡Oh Luz de gracia, resplandor puro del eterno Padre celestial!

¡Oh Jesucristo, santo y bendito!

Ahora que llegamos a la puesta del sol,

y nuestros ojos brillan con la luz vespertina,

cantamos tus alabanzas, oh Dios:

Padre, Hijo y Espíritu Santo.

Tú eres digno en todo momento de la alabanza de voces felices,

Oh Hijo de Dios, oh Dador de la vida,

y para ser glorificado en todos los mundos.

Este antiguo himno llama nuestra atención al hecho de que aunque el sol puede que se ponga, la luz de Dios nunca nos deja. Él está siempre con nosotros, día y noche.

Dios es luz y en él no hay ninguna oscuridad.

1 JUAN 1:5

Los antiguos paganos creían que la noche era el tiempo de la muerte y la tristeza, de la «partida de los dioses» del mundo. Este himno proclama todo lo opuesto. Jesucristo da vida durante las veinticuatro horas. El Padre nunca abandona a sus hijos, y Él es digno de alabanza en todo momento.

En el libro de Apocalipsis, Juan describe la nueva Jerusalén, nuestro hogar eterno, con estas palabras:

> Ya no habrá noche; no necesitarán luz de lámpara ni de sol, porque el Señor Dios los alumbrará. Y reinarán por los siglos de los siglos.

> *Apocalipsis 22:5*

Los científicos nos dicen hoy que si algo se reduce a su forma más pura, se transforma en luz y calor; es decir, el sol en miniatura. El evangelio nos enseña que el Hijo de Dios es nuestra fuente constante de energía y vida.

¡Él es y tiene lo que nadie más puede proveer! Él es la esencia de toda energía en la vida. Cuenta con Él para que te proporcione luz, aun en tu noche más oscura.

EL SEÑOR PREPARARÁ MI SUSTENTO, ME ALIMENTARÁ CON EL CUIDADO DEL PASTOR; SU PRESENCIA SUPLIRÁ TODAS MIS NECESIDADES Y ME GUARDARÁ CON SU OJO VIGILANTE.
JOSEPH ADDISON

La meditación final

Una de las traducciones para la palabra *meditar* en hebreo, la lengua en que se escribió el Antiguo Testamento, es el verbo «musitar»: hablar en voz baja, repetir algo sin cesar. Cuando nos enseñan a meditar en el Señor y en su Palabra de día y de noche, tenemos que repetirnos la Palabra de Dios a cada momento. Cuando lo hacemos, la Palabra de Dios llega a ser lo primero en nuestro pensamiento. Se convierte en nuestro modo de pensar, en nuestro punto de vista, en nuestra perspectiva de la vida.

Las Escrituras prometen que cuando pensamos y hablamos conforme a la ley de Dios, actuaremos como corresponde. ¡Así disfrutaremos del éxito y la prosperidad!

Nunca se apartará de tu boca este libro de la ley, sino que de día y de noche meditarás en él, para que guardes y hagas conforme a todo lo que en él está escrito; porque entonces harás prosperar tu camino, y todo te saldrá bien.
Josué 1:8, RV-60

190

En la opinión de Henry Ward Beecher, un gran predicador de los años de 1800: «Unos pocos momentos con Dios en esa tranquila y plácida estación valen más que mucho oro refinado».

El salmista proclamó: «Con labios de júbilo te alabará mi boca, cuando me acuerde de ti en mi lecho, cuando medite en ti en las vigilias de la noche» (Salmo 63:5-6, rv-60).

Haz que tus pensamientos conscientes antes de irte a dormir sean sobre Dios y su Palabra. Apaga la televisión, cierra la novela, deja el trabajo y descansa en el Señor, recordando su Palabra. Te será mucho más fácil hacerlo si eliges un pasaje de las Escrituras sobre el cual meditar en la mañana y seguir pensando en él durante el día, repitiendo frases y versículos en momentos libres de tu horario. Entonces, justo antes de que te quedes dormido, recuerda tener un tiempo final con la verdad de Dios.

Los que hacen esto dan testimonio de una mejor noche de descanso. Cuando una mente en paz se enfoca en la Palabra de Dios, produce un sueño tranquilo y una relajación profunda para el cuerpo. Hoy en día, con casi cien mil millones de dólares que se gastan cada año en ayudas para dormir, contamos con lo mejor para dormir: ¡la Palabra de Dios!

LA PAZ: LA CINTA QUE ATA LA
GAVILLA DE BENDICIONES.
PROVERBIO JUDÍO

Satisfacción

«¡**S**atisfacción garantizada!» prometen los anuncios de un nuevo auto, una bebida refrescante o la estancia en un exótico balneario. En el mundo comercial son interminables las promesas que existen de satisfacer esperanzas y sueños.

¿Conoces a mucha gente satisfecha de verdad? ¿Describirías nuestra cultura como satisfecha?

Si respondes no, no estás solo. El autor Max Lucado tampoco lo cree. Dice: «Esa es una de las cosas que no somos. No estamos satisfechos».

Después de la cena del Día de Acción de Gracias declaramos: «Estoy satisfecho». En realidad, estamos más que satisfechos. Aun así, antes de que terminen los partidos de fútbol de ese día, estamos de regreso en la cocina picando entre lo que sobró de la cena.

En tu presencia hay plenitud de gozo.
SALMO 16:11, RV-60

Planeamos y ahorramos durante años para las «vacaciones perfectas». Nos dirigimos a nuestro destino de realización de los sueños; nos permitimos todo deseo de diversión, alimento

192

y fantasía; y a las dos semanas regresamos a casa con maravillosos recuerdos. Puede que esas fueran dos semanas gratas, ¿pero nos sentimos satisfechos para el resto de nuestra vida cuando terminan las vacaciones?

Quizá trabajaste para construir la casa de tus sueños, el lugar en el que te sientes amo y señor sobre cada lujo y comodidades que puede comprarse. ¿Satisface eso de verdad tus más profundos deseos?

La satisfacción es difícil de conseguir. El contentamiento nos elude. Muchas veces nos prometen satisfacción a lo largo del día, pero las promesas aparecen vacías después de haber «mordido el anzuelo» unas pocas veces. No hay nada en la tierra capaz de satisfacer nuestros más profundos anhelos.

En *Cristianismo... ¡y nada más!*, C.S. Lewis escribió: «Si encuentro en mí un deseo que ninguna experiencia en este mundo puede satisfacer, la explicación más probable es que me hicieron para otro mundo».

Nos crearon para otro mundo: ¡el cielo! El deseo de satisfacción es muy fuerte en nuestra vida. Sin embargo, las Escrituras nos dicen que hay una sola cosa capaz de satisfacernos: «Puesto que en él vivimos, nos movemos y existimos». Como algunos de sus propios poetas griegos han dicho: "De él somos descendientes"» (Hechos 17:28).

EL VERDADERO CONTENTAMIENTO ESTÁ
EN SACAR DE CUALQUIER SITUACIÓN
TODO LO QUE HAY EN ELLA.
G. K. CHESTERTON

Nos mantiene con una canción

El evangelista y cantante N.B. Vandall estaba sentado tranquilo en su sala leyendo el periódico cuando uno de sus hijos se precipitó en la casa gritando: «¡Paul está herido! ¡Un auto lo arrastró en la calle! Estaba sangrando por todas partes y alguien vino y se lo llevó».

Vandall encontró a su hijo en un hospital cercano con heridas graves en la cabeza, una contusión y múltiples fracturas. El cirujano no sabía si lograría sobrevivir. Todo lo que el angustiado padre podía hacer era orar mientras el médico limpiaba y cosía las heridas de la cabeza de Paul y arreglaba sus huesos rotos. El resto estaba en las manos de Dios.

Después de llegar a casa para informarle a su familia, Vandall regresó a la sala y cayó de rodillas con un sincero clamor de: «¡Oh Dios!». Casi de inmediato, Vandall pudo oír la voz de Dios dentro de

Puso en mis labios un cántico nuevo, un himno de alabanza a nuestro Dios. Al ver esto, muchos tuvieron miedo y pusieron su confianza en el Señor.

Salmo 40:3

él, diciéndole que a pesar de lo que pasó en este instante, todas las lágrimas se secarán y las tristezas terminarán en el futuro. Vandall fue al piano y en unos minutos escribió un himno que titulo «Después».

Después de la faena y el calor del día,
Después que pasen mis aflicciones,
Después que las tristezas desaparezcan,
Al fin veré a Jesús.
Él estará esperándome,
Jesús tan bondadoso y verdadero,
En su bello trono,
Me dará la bienvenida al hogar,
Después que el día llegue a su final.

Paul se recuperó casi a la perfección de sus heridas, y la fe de su padre en Dios permaneció fuerte y estable, y su gratitud inagotable[39].

Dios también quiere estar contigo en medio de tus tribulaciones poniendo un cántico de alabanza en tu boca. Cuando quitas los ojos de tus dificultades y los pones en Él, su grandioso poder te ayudará a vencer cualquier cosa que enfrentes.

LA FE HACE QUE LO DE ARRIBA SEA BUENO, LO EXTERNO BRILLANTE, LO INTERNO FAVORABLE Y EL FUTURO GLORIOSO.
V. Raymond Edman

Confianza en la cuerda floja

A mediados del siglo XIX, el volatinero Blondin se disponía a realizar la más atrevida actuación que intentara jamás. Extendió un cable de acero de cinco centímetros de grosor a lo ancho de las cataratas del Niágara. Cuando lo hizo, una gran multitud se juntó para verlo. Les preguntó a los espectadores: «¿Cuántos creen que puedo llevar sobre mis hombros el peso de una persona a través de este precipicio?».

La gente gritó y aplaudió, creyendo que podía realizar esta difícil proeza. Blondin levantó un saco de arena que pesaba unos ochenta y dos kilos y lo llevó sobre sus hombros a través de las cataratas. Ambos llegaron sanos y salvos al otro lado.

Entonces Blondin preguntó: «¿Cuántos creen de verdad que puedo cruzar el precipicio cargando una persona?». Una vez más, la multitud lo aplaudió.

> *Yo sé en quién he puesto mi confianza; y estoy seguro de que él tiene poder para guardar hasta aquel día lo que me ha encomendado.*
>
> 2 TIMOTEO 1:12, DHH

«¿Quién de ustedes saltará sobre mis hombros y me dejará llevarlo por las cataratas?» La multitud guardó silencio. Todo el mundo quería verlo llevar a una persona por la catarata, pero nadie deseaba poner su vida en las manos de Blondin.

Al final, avanzó un voluntario dispuesto a participar en esta hazaña para desafiar la muerte. ¿Quién era esta persona? Era el representante de Blondin que hacía muchos años conocía en persona al volatinero.

Mientras se preparaban para cruzar las cataratas, Blondin le instruyó a su representante: «No debes confiar en tus propios sentimientos, sino en los míos. Sentirás el deseo de volverte cuando no tienes que hacerlo. Y si confías en tus sentimientos, nos caeremos los dos. Debes convertirte en parte de mí». Los dos cruzaron al otro lado sanos y salvos[40].

Cristo Jesús nos da las mismas instrucciones cuando nos pide que confiemos en Él en las situaciones difíciles: «No confíes en tus propios sentimientos; confía en mí para pasar esta prueba».

¡ÁNIMO, HERMANO! NO DES UN PASO EN
FALSO, AUNQUE TU CAMINO SEA OSCURO
COMO LA NOCHE; HAY UNA ESTRELLA
PARA GUIAR AL HUMILDE, CONFÍA EN
DIOS Y HAZ LO BUENO.
NORMAN MACLEOD

La mejor manera de dormir

Hace poco, la oficina del Servicio de Recaudación de Impuestos [de Estados Unidos] recibió un sobre con cien billetes de cien dólares dentro, sin nombre, dirección, ni nota, solo dinero. Alguien se sintió culpable.

Otro día, esa oficina recibió una gran caja con un montón de colchas hechas a mano. La nota decía: «Por favor, véndanlas y usen el dinero para saldar mi deuda con la Hacienda Pública». Como esta oficina no se dedica a vender artesanías, se devolvieron las colchas.

Acerquémonos, pues, a Dios con corazón sincero y con la plena seguridad que da la fe, interiormente purificados de una conciencia culpable.

HEBREOS 10:22

Un hombre creía que le debía quince dólares y cuarenta y tres centavos al tribunal del distrito. El caso en cuestión tuvo lugar dieciocho años antes y ya el hombre no podía luchar más con su conciencia. El tribunal insistió en que el hombre no debía dinero, pero él se negó al no como respuesta.

Otra mujer escribió a dicha oficina y dijo sentirse culpable por engaños en sus impuestos; adjuntaba un cheque. «Si sigo sin poder dormir», decía, «les enviaré más».

La Biblia tiene mucho que decir sobre las bendiciones de una limpia conciencia y la agonía de una culpable. Quizá David sea el mejor ejemplo de alguien que prestó atención a su conciencia. Cometió muchos errores, pero siempre admitía cuando se equivocaba. Era un hombre que no dormía hasta que no hacía las paces con su Creador.

«Yo reconozco mis transgresiones; siempre tengo presente mi pecado», dijo. «Contra ti he pecado, solo contra ti, y he hecho lo que es malo ante tus ojos; por eso, tu sentencia es justa, y tu juicio, irreprochable» (Salmo 51:3-4).

¿Somos tan sinceros por nuestras faltas como lo fue David?

La confesión de pecados nos libera de la culpa, nos da paz mental y dulces sueños. Al retirarte en la noche, examina tu corazón. Si encuentras algún pecado inconfesado, pídele perdón al Señor y Él lo hará. Él es fiel y justo para perdonar nuestros pecados, y limpiarnos de toda maldad. (Véase 1 Juan 1:9).

EL HOMBRE NUNCA DEBIERA
AVERGONZARSE DE RECONOCER
SU ERROR, LO CUAL ES, EN OTRAS
PALABRAS, QUE ES MÁS SABIO HOY
DE LO QUE FUE AYER.
ALEXANDER POPE

¡Resuélvelo!

Uno de los sucesos más controversiales en Estados Unidos ocurrió cuando Bernard Goetz se dijo que ya había tenido suficiente y decidió que no le quitarían más. Hizo lo que muchas personas han querido hacer, se defendió y sacó una pistola cuando lo atacaron en el metro.

La acción de Goetz recibió un gran apoyo. Puso el dedo en la llaga de la gente que solo estaba harta de que otros amenazaran su vida. La crítica viene, sin embargo, cuando permitimos armas en las manos de gente enojada y violenta. Como cristianos, la ira puede ser un terrible enemigo.

Al principio, el enojo casi no se nota: pequeñas irritaciones, frustraciones comunes, molestias menores, cosas que experimentamos a diario. Luego esas pequeñas cosas empiezan a acumularse. La presión se eleva y se vuelve en cólera. Sin alivio, la ira reprimida se torna violenta, con consecuencias devastadoras.

Airaos, pero no pequéis; no se ponga el sol sobre vuestro enojo.
Efesios 4:26, RV-60

¿Cómo impedimos que nuestras pasiones se conviertan en ira descontrolada? ¿Cómo debiéramos desactivar el enojo que nos lleva a la represalia?

Hay una ira justa y santa que nos faculta para tomar medidas, corregir lo malo, defender al inocente. Sin embargo, la ira se convierte en pecado cuando se torna en odio y retribución. Es entonces cuando se expresa en formas destructivas e inapropiadas. Perdemos el control y actuamos de maneras tan perjudiciales como lo que nos causó el enojo. Lo que es peor, podemos guardar la ira y llegamos a ser amargados y resentidos.

Hay varias cosas que podemos hacer para controlar la ira antes que esta nos controle a nosotros:

1. ¡Grítale a Dios primero! Ya sabe que estás enojado.
2. Pídele a Dios que te permita comprender la situación, que te muestre la raíz de tu ira, si ese es el caso.
3. Entrégale la situación a Dios. Perdona a los que te hieren y deja que Él lidie con ellos. Permite que su poder se libere en las circunstancias.
4. No hagas nada sin tener la paz total interna de su Espíritu.

Luego te puedes dormir enseguida en la noche, sabiendo que Dios puede cambiar *todo* lo que te rodea a fin de que obre para tu bien.

¡CONTRÓLATE! LA IRA ES SOLO
UNA NOTA DEL PELIGRO.
ANÓNIMO

NOTAS

[1] (p. 6) *Reader's Digest*, marzo 1991, pp. 128-132.

[2] (p. 8-9) *A Guide to Prayer for All God's People*, Rueben P. Job y
Norman Shawchuck, eds., Upper Room Books, Nashville, 1990,
pp. 255-256.

[3] (p. 16) *Encyclopedia Judaica*, prof. Cecil Roth y Dr. Geoffrey
Wigoder, eds., Kefer Publishing House, Jerusalén, 1972, vol. 4, pp.
142-143.

[4] (p. 18) Doris Donnelly, *Spiritual Fitness*, Harper, San Francisco,
1993, pp. 111-124.

[5] (pp. 22-23) «Leisure», *The Family Book of Best Loved Poems*, David
L. George, ed., Doubleday & Co., Garden City, NY, 1952, p. 261.

[6] (pp. 24-25) *The Treasure Chest*, Brian Culhane, ed., Harper, San
Francisco, 1995, p. 162.

[7] (pp. 26-27) Craig B. Larson, *Illustrations for Preaching & Teaching*,
Baker Book House, Grand Rapids, MI, 1993, p. 190.

[8] (pp. 34-35) *Treasury of the Christian Faith*, Stanley Stuber y Thomas
Clark, eds., Association Press, NY, 1949, p. 355.

Notas

[9] (pp. 42-43) *The Treasure Chest*, Brian Culhane, ed., Harper, San Francisco, 1995, p. 171.

[10] (p. 48) *Ibídem*.

[11] (pp. 52-53) Lloyd John Ogilvie, *Silent Strength for My Life*, Harvest House Publishers, Eugene, OR, 1990, p. 113.

[12] (pp. 54-55) Walter B. Knight, *Knight's Master Book of 4.000 Illustrations*, William B. Eerdmans Publishing Co., Grand Rapids, MI, 1956, p. 615.

[13] (p. 58) *JAMA*, 10 de enero de 1996, p. 99.

[14] (pp. 60-61) Arden Autry.

[15] (p. 62) ThomasO. Chisholm, trad. H.T. Reza, «Grande es tu fidelidad», *Himnario de Alabanza Evangélica*, Editorial Mundo Hispano, El Paso, TX, 1978, # 230.

[16] (pp. 72-73) *Nuestro pan diario*, 20 de julio 1992.

[17] (p. 81) George Sweeting, *Who Said That?*, Moody Press, Chicago, IL, 1995.

[18] (p. 82) *Newsweek*, 15 de febrero de 1999, p. 47.

[19] (pp. 84-85) Jim Gleason (Transplant Recipient Support List: *trnsplnt@wuvmd.wustl.edu*).

[20] (p. 86) *Today in the Word*, febrero de 1991, p. 10.

[21] (p. 88) Barbara Hatcher, *Vital Speeches*, 1 de marzo de 1987.

[22] (pp. 92-93) *Today in the Word*, Instituto Bíblico Moody, enero de 1992, p. 8

[23] (pp. 96-97) Charles Swindoll, *Pásame otro ladrillo*, Editorial Caribe-Betania Editores, Nashville, TN, 1978, pp. 82, 88 (del original en inglés).

[24] (pp. 98-99) *Ibídem*.

[25] (pp. 104-105) Ansel Adams, Morning Edition 11-24-97, National Public Radio.

[26] (p. 130) Dr. Paul Meier, «Confessions of a Workaholic», *The Physician*, marzo-abril de 1990.

[27] (p. 140) Autor desconocido, «Opportunities Missed».

[28] (p. 143) George Sweeting, *Who Said That?*, Moody Press, Chicago, IL, 1995.

[29] (p. 148) *Today in the Word*, 25 de septiembre de 1992.

[30] (pp. 150-151) Joy Dickinson, «A Mixed Blessing», *The Dallas Morning News*, 10 de enero de 1999.

[31] (p. 155) George W. Doane, trad. en *El Himnario*, Nueva York, 1931, «Al Cristo vivo sirvo», *Himnario de Alabanza Evangélica*, Editorial Mundo Hispano, El Paso, TX, 1978, # 518.

[32] (p. 156) Kenneth A. Brown, Investors atWork: Interviews with 16 Notable Amarican Inventors.

[33] (p. 158) Leslie B. Flynn, *Come Alive with Illustrations*, Grand Rapids, MI, Baker Books House, 1998.

[34] (pp. 158-159) Greenville Herald Banner, «*USA Weekend*», 19 de abril de 1996.

[35] (pp. 164-165) David Mackenzie, *Stil Married, Still Sober*, IVP, 1991, p. 117.

[36] (pp. 170-171) Paul Aurandt, *Paul Harvey's The Rest of the Story*, Doubleday & Company, Nueva York 1977.

[37] (pp. 183) Doris Donnelly, *Spiritual Fitness*, Harper-San Francisco, una división de HarperCollins, NY, 1993, pp. 155-156, 165-166.

[38] (pp. 186-187) Jamie Buckingham, *The Last Word*, Logos International, Plainfield, NJ, 1978, pp. 169-170.

Notas

[39] (pp. 194-195) Keneth W. Osbeck, *101 More Hymm Stories*, Kregel Publications, Grand Rapids, MI, 1985, pp. 24-26.

[40] (pp. 196-197) Ron Rand, «Won by One», *The Inspirational Study Bible*, Max Lucado, ed., Word, Dallas, TX, 1995, pp. 604-605.

Descubre la paz y el descanso

En medio de una sociedad ocupada y con premuras, donde las agendas están llenas por completo de actividades y se siente mucho estrés, todo el mundo tiene la necesidad de momentos de quietud para disfrutar de paz y descanso. *Momentos de quietud con Dios* te ofrece cortas meditaciones, poderosos pasajes bíblicos y citas inspiradoras que te llevan a la Fuente de la paz: Dios mismo.

Después de pasar unos momentos de quietud con Él, encontrarás la fortaleza y el valor para enfrentar el día con entusiasmo.

Permite que *Momentos de quietud con Dios* te abra la puerta del gozo, la paz y el éxito en tu vida diaria.

Unilit
Publicamos para la familia

Producto 497147
Inspiración/motivación/devocional
SERIE DEVOCIONARIOS
www.clubunilit.com

AMIGOS DE LA NATURALEZA
GOING GREEN

www.editorialunilit.com

ISBN-10: 0-7899-1891-9

9 780789 918918

90000